W0184326

L'ABEILLE D'OUESSANT

DU MÊME AUTEUR

Les Porteurs de valises
La résistance française à la guerre d'Algérie
Albin Michel, 1979, et Éd. du Seuil, coll. « Points Histoire », 1982

L'Effet Rocard
Stock, 1980

Les Intellocrates
Ramsay, 1981, et Complexe Poche, 1985

La Deuxième Gauche
Histoire intellectuelle et politique de la CFDT
Ramsay, 1982, et Éd. du Seuil, coll. « Points Politique », 1984

Tant qu'il y aura des profs
Éd. du Seuil, coll. « L'Épreuve des faits », 1984
et coll. « Points Actuels », 1986

Génération
T. 1. Les Années de rêve
Éd. du Seuil, 1987, et coll. « Points Actuels », 1990
T. 2. Les Années de poudre
Éd. du Seuil, 1988, et coll. « Points Actuels », 1990

Tu vois, je n'ai pas oublié (Montand)
Seuil/Fayard, 1990, et coll. « Points Actuels », 1991

(Tous les ouvrages qui précèdent
sont en collaboration avec Patrick Rotman)

Crète
Éd. du Seuil, coll. « Points Planète », 1989

La Cause des élèves
(avec Marguerite Gentzbittel)
Éd. du Seuil, 1991, et coll. « Points Actuels », 1992

Nos médecins
Éd. du Seuil, 1994, et coll. « Points », 1996

Je voudrais vous dire
(avec Nicole Notat)
Éd. du Seuil, 1997, et coll. « Points », 1998

Besoin de mer
Éd. du Seuil, 1997, et coll. « Points », 1999
Grand prix Henri Queffélec du livre maritime
Grand prix de la Mer de l'Association des écrivains
de langue française

HERVÉ HAMON

L'ABEILLE D'OUESSANT

SEUIL
27, rue Jacob, Paris VIe

ISBN 2-02-033331-7

© Éditions du Seuil, mars 1999

Le Code de la propriété intellectuelle interdit les copies ou reproductions destinées à une utilisation collective. Toute représentation ou reproduction intégrale ou partielle faite par quelque procédé que ce soit, sans le consentement de l'auteur ou de ses ayants cause, est illicite et constitue une contrefaçon sanctionnée par les articles L. 335-2 et suivants du Code de la propriété intellectuelle.

Pour Cath,
justement.

Abeille Flandre,
remorqueur de haute mer
et de sauvetage.

Longueur hors tout : 63,45 m.
Largeur : 14,40 m.
Tirant d'eau : 7,30 m.
Traction sur 4 moteurs : 160 tonnes.
Jauge brute : 1933 tonneaux.
Puissance IHP : 23 000 chevaux.

Dessin : DR

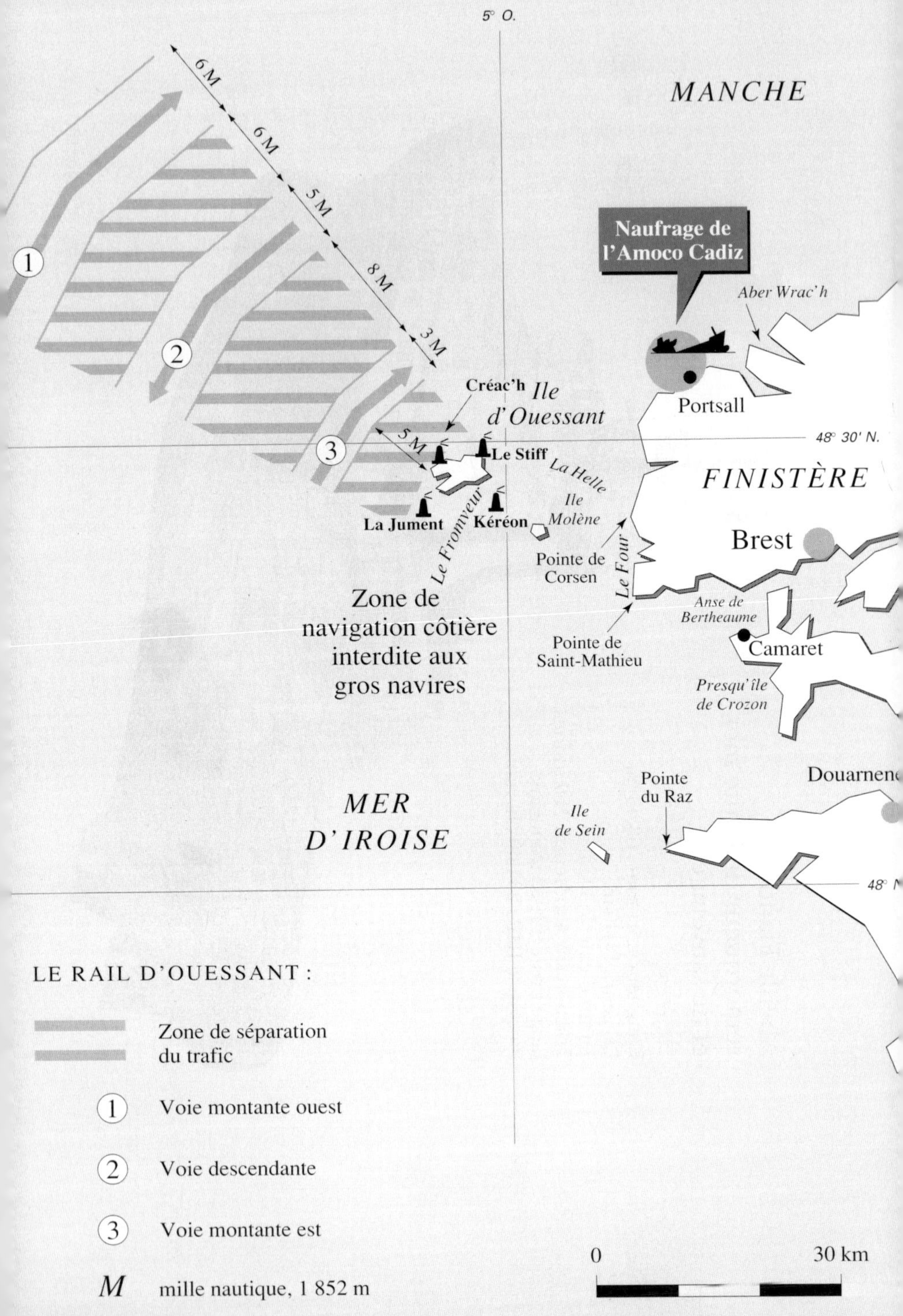
5° O.
MANCHE
6 M
6 M
5 M
8 M
3 M
5 M
1
2
3
Naufrage de l'Amoco Cadiz
Aber Wrac'h
Portsall
48° 30' N.
Créac'h
Ile d'Ouessant
Le Stiff
La Helle
Ile Molène
La Jument
Kéréon
Le Fromveur
Le Four
FINISTÈRE
Brest
Pointe de Corsen
Pointe de Saint-Mathieu
Anse de Bertheaume
Camaret
Presqu'île de Crozon
Zone de navigation côtière interdite aux gros navires
MER D'IROISE
Ile de Sein
Pointe du Raz
Douarnene
48° N
LE RAIL D'OUESSANT :
Zone de séparation du trafic
1 Voie montante ouest
2 Voie descendante
3 Voie montante est
M mille nautique, 1 852 m
0
30 km

PROLOGUE
Instructions nautiques

J'avais pourtant pris de bonnes résolutions. Achevant *Besoin de mer*, je m'étais juré de laisser croître et décroître nombre de lunes avant d'y retourner – du moins publiquement. Je ne voulais pas (et n'ai nullement changé d'avis) que mon emportement maritime devînt une spécialité, d'autant que le folklore, en la matière, est vite envahissant. A forcer le genre, il vous pousse sur la plume une algue verte, sur le menton une barbe hirsute, et sur le plateau de télévision certaine patte, au coin de l'œil, qui trahit le cap-hornier d'opérette.

Je ne voulais pas, non plus, que mon attirance pour le rivage, puis pour le large, revêtît l'allure d'une excursion, voire d'une fuite. Partir et revenir, ai-je écrit précédemment, c'est pareil. Je me méfie des bourlingueurs qui entonnent à tort et à travers le chant du départ, gardant silence, blottis au creux d'une vague tiède, sur les agitations de la cité. L'aventure la plus *pittoresque*, l'aventure *extrême*, c'est encore le couloir du métro ou la chambre d'hôpital.

J'avais pris, mais j'ai moi-même été pris. Je me suis épris d'un navire, l'Abeille Flandre, un remorqueur de haute mer voué au sauvetage, à la protection des hommes et des côtes, curieusement baptisé puisqu'il se trouve en « station » à Brest. Un bateau puissant, un des plus puissants de la planète, réputé « tous temps » – les marins se défient de semblable estampille, gardant prudemment un superlatif en réserve, mais les faits sont les faits : depuis qu'elle travaille, l'Abeille n'a reculé devant aucune tempête, et autour d'Ouessant une tempête vire parfois à l'ouragan.

Ce n'est pas d'un objet que je suis tombé amoureux. Sans doute, la silhouette d'un remorqueur ne ressemble-t-elle à aucune autre. L'étrave, superbe, broie la plume, et la poupe, au ras de l'eau, encaisse toutes les déferlantes. Alliage paradoxal de la morgue et de la vulnérabilité. À la passerelle, on est le roi des mers, on se sait capable de tirer d'affaire n'importe quel géant désemparé, paquebot, supertanker, porte-avions, plateforme pétrolière. Et sur le pont, pataugeant dans l'écume, on a la prunelle aux aguets, surveillant la vague qui noie tout, et, plus encore, la seconde, la meurtrière, qui se cache derrière l'autre et qu'on n'a pas pressentie. Cette ligne de coque est troublante parce qu'elle porte le défi sans vanité, sans bannir l'incertitude.

Mais un assemblage de tôles, fût-il insolite et harmonieux, n'était pas suffisant pour écorner mes bonnes résolutions.

J'ai d'abord cédé à la curiosité. Voilà trois décennies que je navigue en plaisancier paisible, c'est-à-dire attentif aux périls météorologiques, restant à quai lorsque la dépression se creuse, évitant l'obstacle et optant pour la fuite quand, malgré tant de précautions, les rafales sont là. En clair, je n'avais jamais vu ni vécu (tout juste entrevu lors d'une campagne de pêche, au nord de l'Écosse) ce que les professionnels nomment entre eux « le gros mauvais temps ». J'avais eu peur, quelquefois, mais à l'échelle de mon voilier. Et les vagues « hautes de 15 mètres » n'avaient d'autre réalité, dans ma cervelle, que les typhons hollywoodiens ou romanesques. Au demeurant, je n'avais guère l'intention de modifier ma conduite, gageant que le statut de skipper vivant est préférable à celui de témoin disparu. Mais l'occasion m'était offerte d'aborder l'invisible sans mourir. Je n'ai pas résisté. J'ai vu, et je respire encore. Peut-être même un peu mieux et un peu plus heureusement.

Ensuite, j'ai cédé aux rencontres. Ce bateau-là, cette belle machine, n'est rien sans l'art de ceux qui s'en servent. Cela est vrai d'une pelleteuse ou d'un Airbus. Mais la singularité du remorqueur d'assistance est qu'il échappe, en opération, à la routine : quand il est requis, la banalité n'a plus cours. Et la perfection technologique de l'instrument, loin de vouer ceux qui le manipulent à l'énoncé rituel d'un check-up, les autorise et même les oblige à pousser au-delà : parce qu'on dispose de moyens exceptionnels en des circonstances exceptionnelles, on est contraint d'ajouter une part d'improvisation, d'intuition, à la manœuvre. J'avais observé un phénomène analogue quand je m'intéressais au métier de médecin ou de chirurgien – plus on devient efficace, plus on maîtrise de connaissances, et plus la marge d'initiative, donc d'erreur, de conflit, de responsabilité, s'agrandit. Rien d'étonnant si les marins de l'Abeille ont du caractère, de la gueule. Ils vous disent qu'ils font leur boulot, que c'est un boulot comme un autre, et qu'ils sont les plus communs des mortels. Leur choix dément le propos. Je ne les ai pas crus et je ne les crois toujours pas. Mais je les comprends mieux de tenir ce langage.

Car, dépassant les individus et leur machine, il y a la mission. Les hommes de l'Abeille Flandre ne sont pas des militaires. Ils ne sont pas payés pour engager leur peau, ni tenus d'exécuter un ordre sans objection. Ils ont le droit de récuser un capitaine Bligh et ne seront pas pendus pour la peine. Ce n'est point ainsi que les choses se passent. Je me souviens qu'un dimanche de janvier, tandis que l'anémomètre du bord était bloqué au maximum et que l'aérien d'un des deux radars ne tournait plus, prisonnier des bourrasques, nous nous sommes portés au-devant d'un pétrolier désaxé, capelé par les lames, et qui fonçait sur la côte. Les chances d'intervention efficace étaient quasi nulles, le remorqueur lui-même pouvait y rester. Mais l'équipage tout entier se tenait prêt, sans que la moindre consigne eût été donnée. L'argent, ici, n'avait plus d'importance. Ni la discipline, du moins celle qui est libellée dans les règlements.

A la longue, je me suis lié d'amitié avec plusieurs de mes compagnons. Ils avaient des soucis ordinaires – fins de mois, chagrins d'amour, divergences syndicales, tiraillements gastriques, scolarité des gosses, régime amaigrissant... Mais, selon une loi non écrite et soigneusement tue, ils envisageaient de mettre leur existence en danger afin que d'autres ne meurent pas. Et rigolaient fort si l'on attribuait cette disposition à quelque penchant sacrificiel. En cette saison où prévaut, dans la vie sociale, universitaire, partisane, artistique, financière, la règle du « moi d'abord », j'ai flairé là une sorte d'anomalie rafraîchissante.

L'histoire de l'Abeille Flandre est également une histoire politique, si l'on admet que la politique consiste, pour une bonne part, à expliquer, corriger, prévoir, éviter les catastrophes. Une vingtaine d'années s'est écoulée depuis que, le 16 mars 1978, le pétrolier libérien Amoco Cadiz, 233 690 tonnes de port en lourd, et à pleine charge, s'est abîmé sur les roches de Portsall, provoquant le pire désastre écologique qu'aient enduré nos côtes. Une simple avarie de barre sur un bateau pourtant récent, une panne devant Ouessant, un temps médiocre (mais les coefficients de marée n'étaient pas élevés), un remorqueur allemand, le Pacific, insuffisamment robuste pour dompter pareil monstre : les incidents, accumulés, ont provoqué l'accident, et les accidents en chaîne ont tourné au drame.

Pour l'anniversaire de l'événement, vingt ans plus tard, en mars 1998, les actualités télévisées nous ont offert le spectacle ancien de cormorans mazoutés, larmes à l'appui. Mais peu de commentateurs ont donné l'information capitale : après l'Amoco Cadiz, sur la zone d'Ouessant, c'est-à-dire le secteur le plus périlleux de l'autoroute la plus fréquentée du monde, il ne s'est rien produit qui ait mobilisé les agences de presse (ou, plus exactement, la prévention a fonctionné). Bizarrement, au printemps 1998, les gouvernants ont oublié, peut-être parce que la décision publique, cette fois, a traversé les alternances, de notifier à leurs concitoyens qu'un système a été bâti, que son fonctionnement a été vérifié et amendé, et que les résultats sont là. Mais les politiques se soucient-ils du résultat de leur action, quand il excède le court terme ou quand il est imputable à des concurrents ?

Une révolution culturelle s'est accomplie. Imposer aux navires le respect de voies montantes et descendantes, devant Ouessant où l'Atlantique vient s'étrangler, n'est pas seulement une mesure technique : la plus septentrionale de ces routes, à 27 milles des rochers (soit 50 kilomètres), dévolue aux cargos dangereux, se situe hors des eaux territoriales et a requis maints pourparlers entre nations maritimes. Le commandant « maître à bord après Dieu » doit maintenant s'incliner devant l'Organisation maritime internationale, et pas toujours de bonne grâce. Des « aiguilleurs de la mer », les veilleurs du CROSS[1], installés « sur le continent » à la pointe de Corsen, observent au radar le déplacement de chaque unité, rappellent à l'ordre le distrait qui a omis de s'annoncer, le fraudeur qui triche sur la marchandise, l'imprudent égaré, la ruine flottante dont l'équipage incompétent attend passivement la suite des opérations.

Cela s'appelle le rail. C'est une bataille de chaque marée.

La révolution la plus profonde, toutefois, concerne le remorquage. A l'époque où le commandant Gabin, dirigé par Jean Grémillon, lançait son bâtiment à l'assaut des houles de l'Iroise, la coutume était que le navire portant assistance entamât une négociation directe avec le navire

1. Centre régional et opérationnel de surveillance et de sauvetage. Les hommes de permanence communiquant avec les navires s'annoncent comme « Ouessant Trafic ».

assisté. Le « fauve » tournait autour de sa « victime » jusqu'à ce que cette dernière, sentant le naufrage imminent, acceptât l'aide coûteuse de son voisin. On palabrait ainsi, en morse ou en phonie, dans la tourmente, dérivant à toute allure. Et l'on passait fréquemment la remorque, le câble salutaire, au plus mauvais moment, à qui perd gagne, sans s'accorder le droit de casser et le temps d'effectuer une nouvelle présentation.

Tout sauveteur – professionnel – déclenche, chez celui qu'il secourt, une réaction ambivalente. La gratitude, si vive soit-elle, est fréquemment souillée d'une ombre. Beaucoup des médecins que j'ai rencontrés s'étonnaient que leurs patients, une fois guéris, s'éloignaient sans un adieu, sans dire merci. Et mes interlocuteurs ajoutaient, au comble de la perplexité, que les cadeaux et les signes de reconnaissance leur étaient plus volontiers octroyés, par les proches, après la mort inévitable d'un malade. J'hésitais à leur répondre que cela me semblait compréhensible, sinon admissible. L'homme guéri n'a qu'une hâte : effacer la maladie, la souffrance et tout ce qui s'y rapporte, thérapeute inclus. Mais l'homme en deuil est solidaire de ceux, fussent-ils revêtus d'une blouse blanche, qui ont avec lui approché, affronté la mort, et subi son empire.

Le sauveteur professionnel – en montagne ou en mer, peu importe – risque toujours une déconvenue analogue à celle du médecin sachant soigner. Surtout s'il est chasseur de primes. On imagine de quel œil les Brestois regardaient l'Abeille 22 en 1927, l'Abeille 25 en 1947, l'Abeille 26 de 1952 à 1958 (la compagnie cessa, ensuite, pendant vingt ans, d'assurer la station).

De belles bêtes, assurément. Des marins courageux, sans aucun doute. Des professionnels indispensables, tout le monde en convenait. Mais on les admirait aussi, ces bêtes et ces hommes, à la manière dont on admire les grands prédateurs, charognards ou carnassiers. Vivre du malheur des autres, fût-ce pour le soulager, fût-ce au péril de son propre malheur, est fatalement inconfortable. Le sauveteur « idéal », d'une certaine manière, est celui qui se noie en repêchant autrui.

Sur ce registre-là, précisément, le paysage a profondément changé. Non que l'argent ait disparu. La compagnie des Abeilles est une compagnie privée à but lucratif, fort ancienne (elle naquit en 1864), aujourd'hui propriété du groupe Bourbon. Sa vocation première fut et demeure l'activité portuaire – les petites « abeilles » butinant autour des mastodontes en partance, ou arrivant du large. Mais le développement de la recherche et de l'exploitation pétrolières en haute mer ainsi que la recrudescence des menaces de pollution et de naufrage (liées à la multiplication des navires géants chargés d'hydrocarbures, de substances chimiques ou radioactives) l'ont incitée à diversifier son armement. Une filiale, *Abeilles International*, s'est équipée, en ce sens, de bateaux exceptionnels, notamment l'Abeille Flandre et son identique l'Abeille Languedoc, issus de chantiers norvégiens, prêts à briser la glace autant qu'à déhaler le Titanic.

Le traumatisme de l'Amoco Cadiz fut si aigu qu'on ne traîna point à réagir. Ce n'était pas facile, et c'était très français : il fallait mobiliser vers un objectif unique des militaires, des civils (relevant de l'Équipement pour le CROSS, du

Budget pour la douane, etc.), des fonctionnaires, des salariés du secteur privé. On y parvint. Le monde du rail réussit à prendre consistance. Restait à le doter d'une autorité suprême. Il fut décidé que le préfet maritime endosserait la fonction.

A Brest, personne ne parle de la « préfecture maritime », mais du « Château ». L'homme qui habite ce dernier, tout au sud de la ville, au bas de la rue de Siam, face à la rade, sur le site de *Beg rest* (le bout du bois) dont les Romains, dès le IIIe siècle, apprécièrent l'intérêt stratégique, cet homme-là doit jouir d'un excellent sommeil. Alternant les casquettes (ne dites jamais à un marin qu'il porte un képi...), il est à la fois le patron des opérations navales en zone militaire atlantique – les sous-marins nucléaires de l'Ile longue ont ici leur tanière – et le responsable, pour la zone civile correspondante, de tout ce qui concerne la navigation et la pêche. Un secrétaire d'État a moins de charges, moins de pouvoir et moins de compétences – d'ailleurs, le « Prémar » est nommé en Conseil des ministres, et directement responsable auprès de Matignon. Sous le Château, à 30 mètres de profondeur, les équipes du COM, le Centre d'opérations maritimes, se relaient devant écrans et cartes. Et quand l'Amiral reçoit à la « Résidence », entouré d'un essaim d'autres amiraux, le protocole est aussi affûté qu'une messe pontificale.

La Royale ne disposant d'aucun remorqueur capable de tirer un pétrolier de 500 000 tonnes, l'État, en 1978, s'est tourné vers la compagnie des Abeilles. Il ne servait à rien d'édicter des lois, de tracer des routes, de multiplier les guetteurs, si un outil approprié n'était pas disponible pour prévenir et guérir. Ainsi furent affrétées l'Abeille Flandre à Brest (où elle prit la relève de l'Abeille Normandie), et l'Abeille Languedoc à Cherbourg. Conservant leur statut privé – les équipages sont exclusivement issus de la marine marchande –, les navires remplissent une mission de service public. Ils sont vingt-quatre heures sur vingt-quatre, trois cent soixante-cinq jours par an, prêts à intervenir.

Un obstacle demeurait, et non le moindre : le syndrome Gabin, la relation commerciale entre l'assistant et l'assisté. Grâce, si l'on ose dire, à l'Amoco Cadiz, une notion juridique nouvelle fut définie, et entérinée au niveau international. Quand un bateau, du fait d'une panne, d'une erreur de navigation, d'un problème de cargaison, ou d'une tempête, part à la côte, le préfet maritime lui adresse une « mise en demeure », une injonction absolue de faire cesser le danger qu'il représente pour lui-même et pour l'environnement. Autrement dit : l'obligation d'accepter la remorque, immédiatement et sans marchandage. C'est la fin des prédateurs embusqués, la fin des chicanes retardant ou empêchant le sauvetage. Désormais, le commandant du remorqueur ne parle plus dollars avec le commandant du navire en détresse : il offre sa technique, et sa pratique des dangers locaux.

J'ai souhaité partager la vie de ces marins. Mais j'ai procédé par étapes, prudemment. Il me fallait l'autorisation de l'affréteur et de la compagnie. Elle me fut accordée généreusement. Il me fallait tester mon estomac – j'ai assez navigué pour savoir que cela ne se gagne pas dans le premier quart d'heure, qu'il est nécessaire d'« amariner » sa carcasse et ses viscères comme on apprivoise un animal inconnu. Il me fallait, enfin, la complicité de mes hôtes. Elle fut, je crois, la récompense de ces mois d'apprentissage.

J'ai commencé par un reportage sur le rail. Histoire de connaître et de faire connaissance. Ce ne fut pas une croisière (Jean Gaumy, photographe de l'agence Magnum, n'a pas oublié la vague qui l'emporta, lui qui avait l'œil pris par l'objectif, tandis que les autres, sur le pont, s'étaient cramponnés à temps), mais nous ne rencontrâmes pas non plus de conditions météorologiques exceptionnelles. Des liens, déjà, se sont noués. Des jalons. Homard à la crème de poireaux. Nuits bienheureuses à la passerelle, parmi les feux qui, là-bas, clignent de toutes parts. Rudes coups d'étrave dans la houle d'Iroise. Courtoisie et jovialité de l'équipage à l'heure de l'apéritif – j'ai découvert, alors, combien les marins professionnels sont les relais d'une saga dont ils échangent et perpétuent les hautes pages, si loin soient-ils de toute terre, prenant grand soin qu'elle ne s'éteigne pas.

Et puis, j'ai vérifié que j'aimais ça. Qu'à l'heure de m'endormir (pourquoi, en bateau, l'insomnie me délaisse-t-elle ?), dans ma bannette, j'étais content d'être là, content de sentir en mouvement pendulaire ces milliards de boulons, et de percevoir le tremblement lointain des culasses dont les graisseurs parlent comme le capitaine Némo parlerait de ses grandes orgues.

L'équipage de l'Abeille Flandre embarque pour quarante-cinq jours, qui sont suivis de trente-cinq jours à terre. Environ. Les relèves sont parfois impossibles quand le navire reste au large ou quand un coup de chien exceptionnel interdit, par mer ou par les airs, d'accéder à l'île d'Ouessant. Normalement, une rotation permanente anime la vie du bord – les douze hommes qui mènent le navire n'embarquent pas et ne débarquent pas tous en même temps, les éléments frais côtoient ceux qui parviennent au terme de leur période, et certains alternent entre l'Abeille Flandre et l'Abeille Languedoc tandis que d'autres sont fidèles à un port d'attache. Pour autant, on reste en famille, les spécialistes du remorquage d'assistance se sont formés ensemble, sur le tas, et se connaissent par cœur. Deux commandants se relaient sur la Flandre. Eux aussi ont appris le métier en franchissant peu à peu les échelons – lieutenant, second capitaine – sous la gouverne de plus anciens. Il n'est pas de diplôme spécifique garantissant qu'on est apte à diriger semblable unité. Dès la première manœuvre, chacun est fixé là-dessus.

Le site de Brest pose des problèmes inhabituels. La rade est vaste, les courants violents. Pour atteindre le rail, il faut compter deux à trois heures de route, des heures qui deviennent très longues lorsqu'un cargo est en difficulté à proximité des écueils. C'est pourquoi l'Abeille Flandre, même si aucune alerte n'est déclenchée, quitte le port dès que la force du vent atteint 25 nœuds (45 kilomètres à l'heure) et mouille devant Camaret, à la sortie de la rade, ou bien monte carrément vers l'île si les rafales fraîchissent. Où qu'il se trouve, le remorqueur est prêt à appareiller en moins de quarante minutes. Au port, les marins peuvent descendre à terre s'ils ne sont pas de quart, mais sont munis d'un bip et, dès que le signal retentit, ont dix minutes pour regagner leur poste.

J'ai réglé mon mode de fonctionnement sur le calendrier d'un des deux commandants, Charles Claden – dit Carlos –, qui était à la passerelle lors de mon premier embarquement et avec lequel j'ai immédiatement sympathisé. Il fut convenu que, de septembre 1997 à l'été 1998, je séjournerais périodiquement sur le bateau, et que, le reste du temps, il m'avertirait dès qu'une tempête était en vue. J'ai vécu cette année le sac toujours prêt, décampant à l'improviste, irritant les miens, trahissant mes amis, manquant les réunions, les dîners fraternels planifiés de longue date. Et j'ai eu de la chance : les tempêtes, les plus belles depuis douze ans, étaient, elles, au rendez-vous…

Pourquoi choisit-on d'écrire un livre plutôt qu'un autre ? Je n'ai pas menti au début de celui-ci : j'étais plein de bonnes résolutions. Mais cela s'installe dans votre cervelle. Vous êtes libre d'opter pour mille autres entreprises. Il n'empêche. Quoi que vous fassiez, vous gardez, tout au fond, sans mots pour le dire, sans phrase élaborée, un sentiment d'inachevé, la certitude que rien ne sera en ordre, accompli, avant d'être passé par là. J'ai capitulé. Bien que ce propos ne soit guère de mode, je crois que le plaisir n'est pas un mauvais guide.

1

Le désert des marmar

Au crépuscule, après dîner, Carlos et moi nous accoudons à la lisse. Hormis le vendredi où il devient branché de terminer la soirée dans les pubs iodés et maltés de la zone portuaire, le « porco », le port de commerce, passé 20 heures, est dépeuplé, oublié. La rangée des bars, seule, trace une ligne de vie. Quant au reste, le long des quais, ce sont les navires qui brillent, chacun pour soi, ce sont leurs groupes électrogènes qui révèlent le socle des grues bleu et jaune. Les bureaux du Neptune, en face de nous, ont libéré les secrétaires, les courtiers, et leurs vitres obscurcies font miroir, nous renvoient le profil de l'Abeille en majesté, projecteurs violents à l'arrière, et guirlande de loupiotes au-dessus des sabords, presque roses.

L'aérien du radar tourne. Le néon de la passerelle vibre : là-haut, le matelot de quart est assis près de la grosse radio, celle qui capte le large sur 2 182 kilohertz. Il veille aussi les deux VHF qui crachouillent souvent en même temps, le canal 16 de sécurité et celui des affaires courantes. A cela s'ajoutent le téléphone Gsm, le Navtex débitant son rouleau de prévisions météorologiques, d'avis aux navigateurs, et le fax. (En mer, nous rêvons d'une passerelle muette où nous pourrions écouter Keith Jarrett et Didier Squiban sous la lune.) Le matelot de quart, jusqu'à minuit, c'est Tintin. Devant lui, un cahier quadrillé, et le magnétophone dont il enfoncera la touche d'enregistrement si quelque signal de détresse est émis. Tintin aime la campagne et la solitude. Quand il naviguait autrefois sur un pétrolier de 338 mètres, tellement colossal que, du château, on voyait le pont jouer, plier selon la mer et la chaleur, en route pour le golfe Persique, il assurait le quart de nuit puis prenait l'ascenseur pour descendre à la machine, dix étages plus bas, sans rencontrer personne.

Si la brise s'était levée, Carlos tiendrait compagnie à Tintin. Mais ce début d'automne est mou. Aucune dépression ne s'est accrochée à la dernière grande marée. Force 3, force 4, un petit vent de nord qui pue l'anticyclone. Tout à l'heure, le commandant montera prendre la dernière météo, lire la carte des isobares. La routine sans illusion : ça va durer, les fines analyses du COM nous promettent du quai, du quai, et encore du quai. A bord, on fait semblant de se réjouir, pépère mon petit père, l'existence est douce et les grains tomberont toujours assez tôt. N'empêche. Tu crois, toi, que c'est une vie d'attendre ?

L'air est frisquet, nous portons la tenue réglementaire : jean, fourrure polaire, chaussures de pont – surtout pas de cirage, malheureux !, ça se rince à l'eau douce. Au bout de la jetée, nous distinguons encore l'enclos des phares et des balises, les « pharbal », où s'entassent des cardinales ouest, des dangers isolés, des scintillantes rapides,

des latérales vertes, bouchons monstrueux couverts de berniques. Carlos, un moment, avait songé à racheter une de ces bouées déclassées pour en coiffer la cheminée de sa nouvelle maison, à dix minutes d'ici, une maison blanche avec un palmier devant, dans la tradition des capitaines au long cours qui arboraient, au milieu du jardin, le témoin, fût-il rachitique, de leurs excursions tropicales.

Tranquilles. Le monde est stable. Les deux cheminées noir et blanc, ornées du rectangle rouge de la compagnie, fument très peu. Mais le grondement qui s'en échappe dit qu'au fond du fond, sous la flottaison, l'huile est à la température voulue, et qu'il suffirait de trois gestes pour que le prégraissage soit lancé. Le monde est stable hormis la respiration de la mer. Le flot nous élève, l'échelle de coupée grince en se cabrant.

A y regarder de plus près, à fouiller la nuit, nous ne sommes pas complètement seuls. Des gens vont et viennent sur le quai, des promeneurs isolés. Ils ont abandonné la ville pour s'approcher de l'eau, ils ne se sont pas laissé arrêter par les hangars et les rails perdus, ils rôdent, ils passent et repassent, et puis soudain se plantent devant le remorqueur, aspirés par sa lumière, et le regardent, immobiles, dominés. Ils nous regardent aussi, avec une sorte de curiosité jalouse, et je sais ce que beaucoup pensent.

Je suis né dans une cité portuaire et ce fut ma chance. Tout enfant, j'étais certain que d'autres mondes existent. Du haut de la colline où je jouais avec mes amis sitôt l'école expédiée, et qui surplombe la baie, je voyais surgir, débordant la pointe et se faufilant entre les bancs de vase pâle, les cargos lestés de bois, de charbon ou de kaolin, les sabliers garnis à ras bord. Certains de ces navires venaient de l'est, et l'écriture cyrillique de leurs noms rendait plus énigmatique leur provenance. D'autres, petits pétroliers ou pinardiers, remontaient du sud – ceux-là étaient les plus rouillés, les plus sales, bref les plus attirants pour nous autres qui aimions la boue.

Rien de grandiose, je n'habitais pas Nantucket ni Valparaiso. L'entaille du Légué n'hébergeait ni les paquebots de Saint-Nazaire ni les vraquiers d'Amsterdam. Les émigrants de Liverpool ou de Marseille n'alignaient point ici leurs baluchons. Et les bars aux tables de Formica ignoraient, ou presque, les goualantes et les putes. Pourtant, il n'est pas nécessaire de fréquenter la Compagnie des Indes ni d'arborer des caryatides à tête de nègre sur les hôtels d'armateurs pour penser loin. Il suffit de s'approcher du mince garde-fou qui relie une coque au ciment du quai.

Mais ici, la frustration le dispute au rêve. Car la coupée est une frontière absolue. Nous étions là, les gosses du cru, effleurant le navire, n'osant escalader trois marches, nous demandant comment c'était fait, à l'intérieur, comment on vivait dans des chambres d'acier, comment on découvrait l'horizon depuis la passerelle, et comment ça rougeoyait, là-dedans, à la machine. Les marins n'étaient pas hostiles, simplement étrangers. Et nous demeurions sur le seuil, effarouchés.

Un bateau à quai, c'est toujours intimidant. Le train n'apporte que le mystère de sa destination, l'avion celui des périls dont une défaillance serait cause. Un bateau est intimidant de lui-même, par lui-même. Ce n'est pas affaire de loi, ni de pavillon, ce n'est pas la fiction d'un fragment de territoire étranger, enclos de la proue à la poupe, qui dissuade : c'est l'unité de l'ensemble, le caractère autosuffisant de cette chose pesante et légère où l'on peut vivre, loin de tout, des jours, des mois. La « mondialisation » n'était pas encore au répertoire, nous supposions qu'il demeurait des îles inviolées, mais ces cargos pauvres l'emportaient, dans nos têtes, par le sentiment d'autonomie formidable qu'ils dégageaient.

Carlos n'a guère besoin que je lui narre mes bouffées infantiles. Il connaît tout cela comme il déchiffre les regards de nos visiteurs nocturnes. Et il échange volontiers quelques mots avec ces derniers. A Brest, l'Abeille est le baromètre universel : si les cheminées sont visibles depuis le cours Dajot, c'est qu'il fera beau ; si le premier éperon du bassin est vide, le mercure dégringole. Le navire appartient à la cité et son capitaine, qui ne s'encombre d'uniforme qu'aux mariages, baptêmes et réceptions de l'Amiral, est vite reconnu.

Un enfant accompagné de son père, plus hardi que je ne l'étais, demande s'il peut monter à bord. Et je sens que Carlos a envie d'accepter. Il plaide contre lui-même, justifie tristement son refus, invoque la consigne, la sécurité, promet qu'une journée portes ouvertes se déroulera bientôt. Il aimerait enfreindre la loi, il approuve le quémandeur d'oser quémander. Pour lui – nous en parlons quelquefois –, l'enfance n'est pas un stade atrophié, approximatif, de l'individu. C'est un océan d'histoires potentielles, un âge où il est raisonnable de croire qu'on aura la force de ses désirs. S'éloigner de pareille conviction, ce n'est pas grandir, c'est perdre. Carlos a quarante-quatre ans. A cette heure-ci, son fils Corentin, qui en a trois, s'est endormi. Mais, avant de s'endormir, Corentin s'est étonné que son père, si proche, ne couche pas à la maison.

C'est bien de chez nous, Corentin, voilà un prénom qui fleure le bout du monde. Plus breton que son père, tu chercheras longtemps. Il danse la dérobée, cet homme-là, et lorsqu'il est en congé, il trouve encore le moyen de raser les cailloux avec les gars de Molène, de Sein ou d'Ouessant pour chercher les passes inconnues des cartes officielles, les raccourcis par où l'Abeille, avec ses 7,30 mètres de tirant d'eau, gagnerait une demi-heure, les vallées sous-marines, les havres au milieu des crocs et des marmites. Ou il marche, tout simplement, pour le plaisir d'arpenter les grèves, la lande, comme s'il ne lui suffisait pas de les voir du large. Il a le gabarit des nôtres, pas trop grand, les pommettes bleuies de vent salé, capable de se taire, capable, aussi, de pousser *A moi forban que m'importe la gloire* ou *Me zo ganet e kreiz ar mor* (« Je suis né au milieu de la mer... ») lorsque telle est la volonté du peuple. On lui donnerait, à Carlos, le *gwenn ha du*, quatre bandes blanches et cinq noires, l'emblème du pays, sans confession.

On aurait tort. C'est un enfant de sable, mais pas des dunes Sainte-Marguerite, les dunes aux chardons bleus, près de Brignogan. Quand on l'interroge sur ses origines, l'air de dire « Vous êtes breton, n'est-ce pas ? » comme d'autres se disent français « de souche », il répond sans broncher, avec une malice perçue des seuls intimes :

– Mais non. Je suis marocain.

Et c'est presque vrai. Charles Claden, *alias* Carlos, est né à Rabat. Son grand-père, jeune ministre catalan de la République espagnole, s'était réfugié en Afrique du Nord après la victoire de Franco. Sa mère s'appelle Carmen, mais son père est français. Et ce collectionneur de catastrophes a été façonné par un séisme. Le 1er mars 1960, il dormait quand la terre a tremblé, dévastant Agadir. La maison a résisté, sauf sa chambre : on l'a retrouvé, assommé, sous les gravats. Et il s'est réveillé dans les bras paternels, heureux de découvrir que l'école était détruite, malheureux d'apprendre que son instituteur avait la jambe broyée. Il est resté, raconte-t-il, plusieurs jours en pyjama, campant sur la base aéronavale d'Inezgane où il observait avec ravissement la noria des avions.

On aurait imaginé, pour l'harmonie du décor, le jeune Claden, futur chasseur de tempêtes, gambadant parmi les touffes de fucus vésiculeux, dénichant l'ormeau à l'équinoxe, ramassant du bois flotté auprès de son oncle gardien de phare, pêchant le couteau avec du gros sel, apprenant à se garder des filières, les tentacules de la marée montante qui vous enlacent et vous noient perfidement. Bientôt, il serait devenu mousse à bord du Fleur de misère ou du Notre-Dame-d'Espérance, selon que la famille était ou non portée sur la calotte, et aurait vaillamment, un à un, conquis ses quatre galons, imitant son père qui, lui-même, n'avait pas cherché plus loin.

Dommage pour le décor et pour Botrel. Le jeune Claden, futur chasseur de tempêtes, est fils du désert. Et son père s'est plutôt passionné pour les affaires et le commerce que pour le chalut.

Après Agadir – la mère de Charles, violemment choquée, s'était repliée sur Paris –, l'enfant rejoignit son grand-père devenu médecin des mines de manganèse, à Tiouine, au sud de Ouarzazate. Il avait six ans. Quand Carlos évoque cet épisode, raconte les escapades à Marrakech dans les bennes des camions, sur des pistes où Georges Clouzot aurait pu tourner *Le Salaire de la peur*, il raconte avec gourmandise. La chasse aux serpents et aux scorpions, le voisinage des chacals et des sangliers. La classe unique, assurée par son oncle, et qui se transformait, l'après-midi, en balade dans la montagne. L'encre que l'instituteur et ses élèves fabriquaient eux-mêmes avec des feuilles. C'était un bon maître, l'oncle Niaki (Ignace, en espagnol). Il terrorisait si peu ses ouailles que ces dernières ont failli le tuer, un jour où il faisait de la varappe, en lui lançant des pierres, pour rire.

Il lui fallait, à Carlos, des maîtres de cet acabit. Soucieux de la consigne mais très capables de s'en évader. Un jour, le bruit s'est répandu que certains chiens, peut-être, avaient la rage. Et le grand-père, en sa qualité de médecin, fut chargé d'abattre tous les animaux qu'il rencontrerait. Il a pris le volant d'une vieille ambulance de l'armée, son petit-fils à son côté, et entamé une patrouille. Dans la zone suspecte, ils ont croisé un chien. Le grand-père s'est arrêté, le chien aussi. Le grand-père a épaulé. Le chien n'a pas bougé, mais savait qu'il allait mourir. Le grand-père a reposé son fusil :

– A la guerre, on tue des gens qui ont ce regard-là.

Carlos, enfant du Sud, aimait écouter le silence, le calme puissant de l'espace, quand les moutons et les ânes se taisent. Deux ans plus tard, il a rejoint sa mère, qui vivait seule à Paris dans un appartement d'emprunt. Il était content de la revoir mais réclamait de la terre pour faire pousser des fleurs. Et il s'étonnait qu'en ville on mît tant de soin à la cacher.

Bavardage d'anticyclone, rien ne presse. La mer n'est pas un destin sociologique même si ce qui mène à sa rencontre est une séquelle d'enfance. Nous philosophons encore un brin sur ce registre, sans vraiment finir nos phrases. Le quai, maintenant, est nu. Carlos frissonne :

– Je suis du chaud, moi... Je monte à la passerelle. Bonsoir.

*
* *

J'ai eu besoin d'un peu de temps pour savoir naviguer à l'intérieur du navire. Coursives au sol de linoléum, toutes semblables. Escaliers raides dont les mains courantes sont astiquées par les paumes de ceux qui s'y cramponnent afin de grimper, ou s'y retiennent en coulissant vers les niveaux inférieurs. Par temps calme, sur un bateau, on pratique l'escalade. Par temps vif, cela s'apparente au ski de fond : fermeté du jarret, travail de l'avant-bras. C'est que tout est ramassé, là-dedans, sur cinq étages. Avec des virages multiples, des recoins, des réserves. Pour gagner ma cabine, une fois gravie la coupée, il faut longer le pont principal sur tribord, entrer à gauche, prendre l'escalier sur la droite, bifurquer à gauche, deux fois à droite parvenu au pont supérieur, et puis tout devant, au fond.

C'est une belle cabine, intitulée *chief off.*, ce qui ne signifie rien de précis (le second capitaine y logeait autrefois, à l'époque où l'équipage comprenait quinze hommes, et elle est devenue, maintenant, la « cabine de l'armateur »). On pénètre entre deux armoires solides, qui vous encadrent. A gauche la bannette, étroite, coincée contre la cloison, protégée, de l'autre côté, par un rebord de bois. Les grands lits n'ont pas cours sur ce type de paquebot : il faut pouvoir s'arc-bouter des pieds et des mains quand le bateau roule. A droite, sous les deux sabords qui éclairent la pièce, une table basse et une banquette de toile rayée. Devant, un bureau et une petite bibliothèque. Une porte, près du lit, ouvre sur les toilettes et la douche. Les murs hésitent entre le jaune et l'ocre. La moquette est de teinte marronnasse, antidote parfait des entrées d'eau et de ce que charrient les semelles de bottes.

Tout est pensé par anticipation des mouvements à la mer. Le fauteuil, devant le bureau, est large et trapu, doté, en outre, d'une sangle élastique qui se croche de part et d'autre. Les tiroirs, sous le lit, se bloquent une fois repoussés. La table basse est solidement vissée au sol. La corbeille à papiers est encerclée d'un « bout ». Les livres sont retenus par des barres amovibles, la lampe de travail par une pince papillon. A deux étages au-dessus de la flottaison, et à l'avant du château (Carlos est mon voisin de plafond), cela bougera plus que les cabines des matelots, qui n'ont qu'un hublot mais sont proches du centre de gravité.

Ce ne sont pas des détails, ces précautions méthodiques. C'est une façon de vivre. Tout, partout, est « saisi ». Les télévisions et magnétoscopes, les machines à café, l'ordinateur installé dans l'ancien antre du radio (progrès technologique oblige, le poste a disparu), les chaînes hi-fi, et même les plantes vertes en bac sont sanglés serré. Les bouteilles et les verres s'incrustent dans des rangements cloisonnés à leur exacte mesure. Le feu principal de la cuisine est installé sur cardans. Les portes des réfrigérateurs bénéficient d'un crochet spécial. Les utilisateurs d'ordinateurs portables collent ces derniers au moyen d'une sorte de pâte à modeler. Rien ne traîne, pas un objet (du moins un objet appartenant à la collectivité) ne « flotte », ne cherche sa place.

S'installer à bord, c'est entrer dans cette culture du « compact », des choses rassemblées et situées. Et, pour commencer, pour se mettre dans le bain, on oublie la valise, incommode, encombrante, instable, destinée au transport de biens inutiles, costumes, cravates, chaussures noires, imperméables, gilets. Le sac a une double fonction : penser l'essentiel, et penser comment l'essentiel rejoindra le bateau. Par la porte, peut-être, et à pied. Mais peut-être en Zodiac, sous la pluie, arrosé d'embruns. Peut-être en hélicoptère. Peut-être pas du tout. Et cette contrainte finit par vous alléger comme s'allège le bagage.

En contrepartie de ces couloirs étroits, de ces sangles nouées, de ces rangements tatillons, bref, de cette profusion d'ordre, le bateau offre un plaisir tout d'intimité. *Cosy* est l'épithète adéquate, l'impression étant accentuée par l'origine nordique du chantier. Tapis de laine écossaise au salon. Du bois chaud, des petites tasses, des rideaux. Des appliques en cuivre à verre dépoli.

Le contraste est délectable avec la vitalité de la coque et du pont, avec les câbles, les treuils, les grues qui les peuplent, les manilles monstrueuses, toute une ferraille elle-même sertie, tenue, organisée.

Peu à peu, l'œil progresse, se déniaise. L'acier, par exemple, l'acier est un métal tendre. A voir le remorqueur d'un peu loin, depuis la terrasse de L'Abri des flots, on jurerait que c'est un bloc lisse, sans une ride, sans un alvéole, un tranchoir de Tolède, les lames n'ont qu'à bien se tenir. S'approchant jusqu'à la muraille, l'impression perdure, effet d'aplomb, d'échelle : la masse noire, tendue, part d'un seul élan, on la caresserait, semble-t-il, comme une lave vitrifiée, comme de la soie. Mais si l'on se promène sur le pont vert tendre, on s'aperçoit que l'acier respire, rouille, se boursoufle, peine, est sillonné de veinules. C'est une peau d'éléphant, l'acier d'un bateau, invulnérable et magistrale, et puis, de près, la voici crevassée, mouvante, réclamant vigilance et soin. Le profane se figure que tant de puissance est signe d'invulnérabilité. Erreur. Un navire immobile, c'est un navire précaire. Il faut le tenir en vie.

Mais où se cache-t-elle, la vie ? Lorsque j'ai pris mes quartiers sur l'Abeille, descendant de l'avion, le sac tassé sous le bras, je n'avais pas annoncé mon heure d'arrivée, sachant qu'un appareillage était fort improbable. Il était 15 heures, peut-être. J'ai eu l'impression, tandis que je cherchais ma cabine, d'explorer un vaisseau fantôme. Les signes de présence ne manquaient pas, bottes devant une porte, combinaisons suspendues aux patères, rumeur des groupes électrogènes. La cuisine était rangée, le lave-vaisselle en marche, les carrés vides, un poste à transistors diffusait de la musique sur la plage arrière déserte. J'ai poussé la porte de mon domaine, rempli les tiroirs. Et, avant de monter à la passerelle qui est toujours habitée, je me suis laissé envahir par la solitude propre aux gens de mer, solitude qui n'est pas anxieuse ni menaçante : elle soude le bord autant que les rivets soudent les tôles, autant que les cloisons délimitent les territoires.

Le temps lui-même est fragmenté. Le lieutenant, dont la cabine jouxte la mienne, dort le matin car il prend son quart de minuit à 4 heures, et recommence de 12 heures à 16 heures. Il succède au commandant et est relayé par le second capitaine. Et toute la vie professionnelle est ainsi transformée en manège, ou en labyrinthe. On se frôle, on s'épaule, mais une assemblée générale est un événement, ou bien il faut que l'événement soit d'envergure pour tirer du lit les somnolents ou arracher au loisir ceux qui sont de repos. Le matin, on se salue courtoisement, et l'on songe parfois qu'on n'a pas rencontré Untel depuis deux jours.

L'agora, c'est l'apéro. Midi, et 19 h 30. Encore précisera-t-on qu'il y a non pas un mais deux apéros. Celui des officiers, au salon d'en haut, sous la passerelle. Et celui de l'équipage, au salon d'en bas, près des carrés, eux-mêmes symétriquement disposés de part et d'autre de la cuisine.

Au salon d'en haut, le whisky prédomine, irlandais si possible, écossais à défaut, pur malt et néanmoins allongé de Perrier – par vertu. Le commandant, le second capitaine, le « chef » (c'est le chef mécanicien, mais l'usage est de gommer la spécialité), le second mécanicien, le lieutenant prennent place autour d'une table ovale. La pièce est chaleureuse, orientée vers la proue, enserrée par les cabines du commandant et du chef qui ont le privilège de jouir d'un bureau, séparé de la bannette par un rideau marron. La télévision, à midi, capte FR3 Bretagne, et, le soir, Canal Plus.

Au salon d'en bas, beaucoup plus vaste, où des rangées de livres enrobent le poste cathodique, le Ricard est à l'honneur. Autour du maître d'équipage – le bosco –, s'assemblent le second maître, le maître mécanicien, l'électricien et les matelots. Ceux-là ne sont guère passés par l'hydro, l'école qui délivre brevets de long cours ou de capitaine côtier. Ils ont appris sur le tas, dans la piaule ou dans la graisse. Les grands conteurs, les propagateurs de la saga sont généralement parmi eux. Et si l'on a, pastis aidant, gagné droit de cité, si l'on a proclamé tout le respect dû à l'expérience, on est traité comme un prince.

Drôle de mot, l'équipage, mot à tiroirs. Il désigne l'ensemble des marins qui travaillent sur un navire. Mais il désigne également, parmi ces marins, ceux qui ne sont pas officiers. Carlos, pour qui la hiérarchie des compétences l'emporte, et de loin, sur celle des galons (car l'une et l'autre ne sont pas juxtaposables), aimerait abolir ces frontières. N'est-il pas ridicule, plaide-t-il, de manger la même chose à la même heure dans deux salles adjacentes ? Réponse de l'équipage : d'accord pour déjeuner et dîner au coude à coude, mais conservons des salons distincts, car il est bon que le matelot puisse, en un lieu neutre, médire du lieutenant, le graisseur du chef, et tout le monde du commandant. Cet héritage est ancien. L'actuel salon des officiers n'avait-il pas été conçu par l'architecte comme le domaine privé du « Vieux » et du chef, soupant en tête à tête, à l'écart du commun des mortels ?

Et moi, dans cet univers compartimenté, je prends la liberté de circuler, je questionne. Les marins ne sont pas taciturnes, seulement étonnés de recevoir de la visite. Bientôt, je comprends que cela n'a pas grand sens de comparer un navire à un immeuble, de recourir à « l'étage » comme unité de mesure. Je comprends que, cinq étages, ou huit, ou quatre, peu importe : ce qui compte, c'est le découpage du bâtiment en trois aires, en trois corps de métier. La machine, les hommes du ventre et de la chaleur, ceux qui ne voient ni le jour ni la vague, qui remuent peu, blottis sous la flottaison. Le pont, les hommes de l'embrun, du matelotage, du gréement, toujours un pot de peinture à portée contre le sel et la rouille. Enfin la passerelle, ceux de la route, du point, de la manœuvre, ceux qui parlent au monde extérieur, ceux qui regardent à la fois devant et derrière, et qui décident.

Séparés et solidaires. Sans un bon bosco, le meilleur commandant se retrouve vite avec un navire aux allures d'épave. Sans un bon lieutenant, personne ne dormira tranquille. Sans de bons mécaniciens, le plus arrogant des remorqueurs n'est qu'un bout de fer qui flotte. Et sans un bon électricien, tout cet univers-là est soudain plongé dans le noir – ce qu'on appelle un *black* – au risque de partir, très vite, vers les rochers.

Arrivé sur l'Abeille, je me suis dit qu'un bateau ne ressemble à rien d'autre mais est toutefois analogue, dans son fonctionnement, à un pays, une entreprise, ou une cité. A cette nuance près qu'on n'y dépose pas le bilan ni ne redoute les élections : si l'on coule, c'est pour de vrai, jusqu'au fond, et tous en chœur.

*

* *

Carlos m'observe, dans cette phase d'apprentissage, jovial et ironique, se gardant de m'orienter. Lorsque j'avais embarqué précédemment, il s'agissait d'expliquer et de décrire, pour un journal, le système du rail : la mise en demeure prononcée par l'Amiral, les radars du CROSS, le statut du remorqueur. Ce ne fut pas triste, mais ce fut un reportage, une pêche hâtive. Mon interlocuteur était parfaitement rodé, connaissant les questions, connaissant les réponses. Maintenant, le propos est de m'intégrer, de disparaître pour des semaines, des mois. Et là, jusqu'à ce que j'aie trouvé ma place, il ne peut plus rien pour moi, sinon m'adresser, le matin, quand je le rejoins à la passerelle, sa formule préférée :

– Ah ! Une étoile se lève…

L'anticyclone reste solide, le quai n'a pas bougé, les radios débitent l'antienne coutumière :

– DP, de Malabar.

– Malabar, de DP.

– Je demande l'autorisation de prendre la passe sud.

– Autorisation accordée, Malabar. Vous allez sur Audierne, correct ?

– Correct, DP. Bon quart.

– Bon quart, Malabar.

Et ainsi de suite. La « DP », c'est la direction portuaire de la rade, assurée par la Marine nationale. Car le port de commerce, ici, n'est qu'une annexe, un appendice. La Royale est souveraine, ses bâtiments garnissent la Penfeld, sous le pont de Recouvrance, le porte-avions Charles-de-Gaulle flotte devant le Château, et, quand un sous-marin lanceur d'engins quitte sa base ou y rentre, toute circulation est interdite aux navires civils. Les « fayots », selon le terme rituel employé par les « marmar », les hommes de la marine marchande, suscitent à la fois jalousie et satire.

Ambivalence plus forte encore sur l'Abeille : l'État, par les contrats qu'il renouvelle tous les trois ans, est plus bienfaiteur que despote, en cette saison où les emplois français sur des bateaux français sont devenus, dans le paysage maritime, une espèce de bizarrerie cruelle. Carlos, là-dessus, si libertaire soit-il au fond de l'âme, est très à l'aise. L'Amiral, pour lui, n'est pas un patron tyrannique mais un expert qui parle, avec le commandant du remorqueur affrété, de professionnel à professionnel. Les ordres du COM tombent, sans doute, mais ils tombent juste.

Pour l'heure, ils ne tombent pas. La consigne est de durer. Nous attendons, nous attendons, nous sommes payés pour attendre. Le ciel est d'un bleu léger. Les pavillons pendouillent. Brest est à sec, pas une goutte d'eau. On repeint le pont. On prépare, pour bientôt – peut-être –, les gréements de remorque. On expédie les petites réparations qui traînaient, le projecteur bâbord, le moteur d'essuie-glace. Si encore on était sûr d'une bonne dizaine de jours calmes à courir, on changerait la caisse à merde, qui est en fin de vie. Mais c'est ça le pire : on attend sans être sûr, les anticyclones s'effondrent parfois brutalement, et tu imagines l'appareillage sans caisse à merde au bout des tuyaux ?

En attendant, je m'instruis. Je me choisis un instructeur. Quel est le personnage, sur un bateau, qui rassemble tous les autres, participe à toutes les conversations, connaît les appétits, les manies, les maux, les goûts et les dégoûts de l'équipage ? Le cuisinier. Sa tanière, carrelée de rouge antidérapant, cernée d'Inox, inondée de vapeur, sa tanière où il chante à pleins tubes, concurrençant France Info que propage un haut-parleur, sa tanière aux ouvertures mystérieuses sur des chambres froides ou fortes n'est pas un local technique, un laboratoire. C'est un poumon, un parlement, un confessionnal, et le siège du Comité central. Car Jean-Paul, surnommé par ses amis et adversaires le CDG, le cuisinier-directeur-général, est un syndicaliste de trente ans, ce qui n'enlève rien à son couscous royal.

L'homme est petit et mince, élégant (à bord tablier blanc impeccable, pochette et cravate assorties à terre), les yeux ronds et vifs, le menton intrépide sous une barbe courte et rare. Il aime les mots et leur pouvoir.

– Faisons connaissance, me dit-il. Je suis timide mais je n'ai peur de rien…

Et il explose de rire. La vie de cuisinier lui ayant appris qu'on n'est jamais mieux servi que par soi-même, Jean-Paul rit toujours le premier de ses plaisanteries. Plaisantant souvent, il rit beaucoup.

Mais c'est vrai qu'il est timide, et que cette timidité originelle a, chez lui, décuplé l'audace et le culot. Il avait dix-sept ans quand il a quitté comme un voleur la maison familiale, à Plouézec, près de Paimpol, sur un coup de fâcherie. C'était en juin 1967. Sans rien dire à personne, en l'absence de ses géniteurs, il a fait l'achat d'un sac, de bottes et d'un ciré. Et lorsque les parents sont rentrés chez eux, ils ont appris que leur fils s'était enrôlé à la grande pêche, pour soixante-dix jours, en route vers Terre-Neuve (où il a vu, lui qui travaillait sur un navire-usine, les dernières goélettes mouillées à Saint-Pierre, sous pavillon portugais). Il était novice, affecté au pont, entouré de robustes lascars cancalais ou malouins. Pendant la première campagne, il n'a osé parler à personne et personne ne lui parlait – ce qui s'appelle parler.

Mais il est reparti. Plus longtemps (la convention collective autorisait des campagnes de cent trente-sept jours), et plus loin : certains capitaines n'hésitaient pas à dépasser l'Islande, montant jusqu'en mer du Groenland, à hauteur du Spitzberg et de l'île aux Ours. Il fallait quelquefois rester à la cape cinq ou six jours pour passer, mais ensuite, les prises étaient excellentes. Jean-Paul a découvert la tempête, le mal de mer. Et n'a pas fléchi. Il a taillé son chemin : garçon de carré, garçon de cuisine, enfin cuisinier. Les fourneaux lui plaisaient. Mais attention, précise-t-il aussitôt, il était et reste un marin cuisinier, pas un cuisinier embarqué. Il lui fallait nourrir cinquante-neuf hommes, par roulements toutes les six heures. Et s'il n'avait aimé d'amour sa femme, et engendré maints enfants, peut-être serait-il resté fidèle au grand métier plutôt que de bifurquer, dès la création de la société, vers le remorquage d'assistance.

Mon drame, avec Jean-Paul, est qu'il ne dort guère. A 6 heures du matin, il court acheter les journaux, les croissants, le pain frais. Et si l'on veut bavarder sereinement avec lui, c'est là qu'il convient de le saisir. Je descends – la cuisine et les carrés sont au ras de l'eau –, l'œil embrumé, et je ne suis pas encore parvenu sur ses terres qu'il crie déjà, en direction du salon de l'équipage :

– Attention, le v'là, faites semblant d'être heureux ! (Et il rit comme un enfant.)

Je dédaigne le carré et m'installe, pour petit-déjeuner, dans sa cuisine, posant mon bol de thé sur l'égouttoir. Jean-Paul s'empresse : confiture ? beurre ? lait ? deux sucres ? pain grillé ? serviette neuve… ? Une fois établi que le Carlton et le Ritz sont des gargotes auprès de l'Abeille Flandre, nous passons à l'essentiel : ma formation continue. Tout en grattant ses moules ou en ouvrant ses coquilles Saint-Jacques, mon mentor entame une revue de presse vétilleuse. « DSK » a tort de toucher aux quirats (investissements défiscalisés permettant à l'armement français de renaître et aux chantiers navals de récupérer des commandes). La CGT (dont mon hôte est le représentant) n'a pas assez réfléchi à l'incidence des trente-cinq heures sur l'emploi. La manière dont Clinton a laissé tomber le *wellfare* montre que les démocrates américains ne sont en rien des hommes de « g*o*che » (mon bon maître, héritage bretonnant, est fâché avec l'*o* fermé). Feu Mitterrand, tous comptes faits, même s'il pourfendait, parmi les siens, la « g*o*che américaine », n'aurait pas été trop dépaysé à la Maison Blanche : Bill et François, sitôt élus, ont oublié avec une inconstance analogue leurs programmes antérieurs...

La synthèse achevée, nous revenons à des considérations plus pratiques sur la condition d'inscrit (maritime, c'est-à-dire figurant aux rôles professionnels). Les « marmar », explique Jean-Paul, ont traversé sans bruit une crise analogue à celle qu'ont rudement et bruyamment traversée les sidérurgistes ou les mineurs. Mais les « marmar » ne constituent pas, électoralement, une force digne d'attention. Ils sont ailleurs, ils se diluent, ils s'évanouissent. Les crimes parfaits sont commis en silence.

A ce stade, le camarade cuisinier rince les coquilles, les range, et se plante devant l'horloge murale, les bras légèrement écartés, dans la position du frère prêcheur au moment de l'épître. Il quitte les généralités pour évoquer sa passion, et la source de son prestige : l'action syndicale. Il a embarqué sur le tout premier remorqueur destiné à travailler au large, l'Abeille 30, une ancienne canonnière yankee transformée pour la circonstance. En charge, la plage arrière se retrouvait sous l'eau. Mais c'était l'épopée, un métier nouveau, et un équipage joyeux formé de bourlingueurs caractériels. Puis ont été mises en service l'Abeille Normandie et l'Abeille Provence, la première assurant la station de Brest avant que la Flandre ne soit livrée. Avec l'un des commandants, Jean Bulot, le cuisinier cégétiste a noué une relation forte et contradictoire. Il admirait ce capitaine côtier devenu grand capitaine, dont l'énergie et le talent manœuvrier forçaient l'approbation. Et il exécrait sa morgue, sa dureté envers ses officiers et son équipage. Bulot considérait qu'il était le roi des mers. Il considérait aussi qu'il était le roi des hommes – au carré, on le surnommait, en douce, « l'empereur ». Jean-Paul le rouge (mais il n'est resté que deux ans au Parti, la discipline idéologique lui pesant fort) était « le meilleur ennemi » de son commandant, selon l'expression de ce dernier. Lequel appréciait sa cuisine et savait recevoir, mais n'hésitait pas non plus, lors d'une grève, à appareiller avec ses seuls officiers, profitant d'une réunion syndicale. Et Jean-Paul conclut :

– Quand Jean Bulot a pris sa retraite, j'ai eu la larme à l'œil. D'ailleurs, je suis intervenu pour qu'il reçoive la Légion d'honneur. A présent, nous nous revoyons fidèlement.

Je m'étonne doublement. Pourquoi si peu de rancune ? Et pourquoi tant d'influence ? Le cuisinier-directeur-général me répond sans détour. Il aime le pouvoir et il aime s'approcher de ceux qui l'exercent. Le commandant Bulot aimait le pouvoir, d'un amour peut-être vache, mais il l'exerçait d'une façon qui méritait reconnaissance. Quant à la médaille, rien de plus simple. C'est le délégué qui distribue. Depuis le temps qu'il voit défiler conseils d'administration, nouveaux actionnaires, nouveaux présidents, nouveaux directeurs, nouveaux ministres ou secrétaires d'État, nouveaux préfets, nouveaux députés et sénateurs, nouveaux commandants, il est devenu, à l'entendre, la mémoire de la compagnie, voire, pour un peu, son vrai dirigeant.

Je regarde au fond des yeux l'homme timide qui n'a peur de rien. Ta place au comité central d'entreprise, camarade syndiqué, te transformerait-elle en patron de l'ombre ? L'interpellé se défend. Il est un cuisinier qui sert soixante menus différents par mois, qui est capable de stocker, dans son congélateur et sa chambre à légumes, assez de vivres pour que le bord subsiste durant vingt semaines, au bas mot. Il vouvoie les officiers, même s'il les a tutoyés naguère, afin que chacun se sente à sa place. En cas de remorquage acrobatique, il s'en va prêter main-forte aux hommes du pont. Et je l'accuse de trahir, de se tromper de camp ?

Jean-Paul bout, affecte une colère dont je sais qu'elle est un de ses jeux favoris. Il lui faut des témoins. Il fonce vers le salon de l'équipage et revient avec Lionel, le bosco, ainsi que Charly, le mécano. Hilares, tous deux. Les indignations de leur ami et porte-parole sont le sel de leurs croisières. Et le CDG se lance dans une diatribe poignante : voici, dit-il, les éléments fondateurs de l'Abeille. Ce bateau n'est pas leur usine, c'est leur résidence secondaire, voire principale. Ils y habitent vraiment, ils en ont inventé les savoirs, ils étaient aux premières loges des sauvetages historiques. Et ils te diront, inquisiteur misérable, que je mène depuis vingt-cinq ans une lutte administrative sans relâche.

Pas besoin de Lionel ni de Charly pour l'attester. C'est vrai. Le soir, après le service, Jean-Paul se retire dans sa cabine (au mur, une photo en noir et blanc, très Gabin-Morgan dans *Quai des brumes*, représente un couple enlacé, s'embrassant comme on s'embrasse lors des grands départs ou des grandes retrouvailles), et il étudie ses dossiers, et il écrit aux puissants de ce monde. Pour préconiser telle disposition fiscale dont, curieusement, les remorqueurs ne bénéficient pas. Pour recommander qu'un bâtiment d'assistance soit mis en station dans le Pas-de-Calais où le trafic maritime est si dense. Pour adapter à l'existence particulière des marins la réduction du temps de travail. Le style de Jean-Paul lui est propre : « Monsieur le Premier ministre, j'aimerais, par la présente, vous donner envie de me rencontrer… » Ça marche. Lorsque Valéry Giscard d'Estaing, président de la République, est rapidement passé par Brest, son chef de cabinet a introduit une légère variante au programme – vingt minutes pour le cuisinier de l'Abeille Flandre. Et, de temps à autre, le préfet maritime reçoit une lettre ainsi tournée : « J'ai l'honneur de vous informer que l'équipage syndiqué de notre navire s'associe au mouvement de grève prévu le tant de ce mois. Néanmoins, par souci de sécurité, en raison des dangers propres à notre zone, il assurera sa mission. » L'Amiral, républicain scrupuleux, donne acte, avec les égards dus au CDG.

Nous sommes toujours à quai, mais je deviens, grâce à mes cours du matin, moins ignorant de mes compagnons. La fréquentation assidue de la cuisine et de son titulaire me donne accès à la confrérie des « piliers » du bord. C'est une confrérie dont les statuts sont tacites et à laquelle nul ne saurait adhérer – il fallait naître et s'embarquer plus tôt. Outre Jean-Paul, ils sont trois qui appartiennent à l'aristocratie légitime : Lionel et Charly, déjà mentionnés, ainsi que Jean-

Marc, le second maître. D'autres, de la même cuvée, seraient dignes d'y figurer, mais naviguent moins régulièrement sur la Flandre.

Lionel, le bosco, c'est un lion. Les épaules puissantes, les bras tatoués, le visage criblé par les grains, le nez aussi réjoui que l'œil, la moustache gauloise : tel est « Yoyo », maître du pont. Il prononce, les bons jours, deux syllabes sur trois, et trois dans le temps qu'il me faut pour en lâcher une. Mais Lionel dégage de la chaleur et, pour le comprendre, il suffit de se laisser gagner par cette onde enjouée. Il ne cache que ses chagrins, lesquels ne sont pas minces – il s'est retrouvé veuf avec un tout jeune garçon à élever, une graine de marin, onze ans maintenant, que Carlos, pendant les congés scolaires, accueille à son bord.

Lionel, comme Jean-Paul, a le sens de la formule. La mer, annonce-t-il, je suis né dessus. Il a vu le jour à Belle-Ile, au port de Palais. Son père était pêcheur, comme son grand-père, la sardine l'été, les coquilles l'hiver. Lionel a lui-même pêché en famille, mais la ressource diminuait et il avait envie d'horizons plus larges. L'image forte de son enfance, c'est le canot de sauvetage dont son père était le patron. Les roches méridionales de l'île, noires et tranchantes, sont mauvaises, le renvoi de côte lève un clapot furieux, et la houle atlantique vient ici battre à plein. Les alertes étaient fréquentes, surtout l'été, où tout le monde est dehors. Lionel tenait le rôle du « recruteur », galopant d'une maison à l'autre pour donner l'alarme. Et il courait plus vite que les adultes. Le canot, en ce temps-là, ne restait pas à flot : on le remontait dans un abri, sur des rails. Le gamin arrivait avant l'équipage, se dissimulait au fond du bateau, attendait que ce dernier eût été mis à l'eau, et sortait, triomphant, de son trou lorsqu'il était trop tard pour le renvoyer à terre. Il dégueulait tripes et boyaux durant l'expédition, mais était fier d'être de la partie. Son père est mort quand il avait quatorze ans, et le canot de sauvetage a ensuite porté le nom du patron disparu, en hommage. Aujourd'hui, une vedette moderne a remplacé l'ancienne coque. Lionel ne l'a jamais visitée, il n'a pas voulu, ou il n'a pas pu.

Son adjoint, Jean-Marc, est sec et vif, l'iris très clair. Lui n'est pas né sur la mer, mais si près que c'est tout comme. Les fenêtres de sa maison dominent les vagues qui sont devenues son lieu de travail. Il est camarétois « d'âme, de corps et de tout ». En congé, Jean-Marc reste chez lui, il explore sans fin sa presqu'île avec laquelle il a noué « un mariage sans explication » (on l'aura compris, le second maître est un homme qui choisit ses mots, qui goûte le plaisir de dire comme il goûte le plaisir de lire), il fouille les criques, près de la pointe du Toulinguet ou de celle de Pen-Hir. Voyager, il connaît déjà, il a longé l'Amérique latine sur des bananiers, l'Afrique occidentale en cargo, et il garde le souvenir magnifique, face à Port-Gentil, de ces Africains courageux et habiles qui flottaient les billes de bois avant de les charger savamment dans les cales. A présent, il ne quitte plus ses cailloux, ayant assez parcouru le monde pour soutenir sans aveuglement qu'ils comptent parmi les merveilles des merveilles.

Camaret, c'était le pays des langoustiers. Les pêcheurs du cru ne se contentaient pas de leur rivage, ils s'en allaient aux îles Scilly, au Maroc. La guerre de la langouste, devant les côtes d'Irlande ou du Portugal, fut rude et, au bout du compte, fatale aux Camarétois dont les chalutiers restaient traditionnels. Jean-Marc a grandi dans cet univers-là, entouré de mareyeurs, de pêcheurs, de charpentiers de marine. Avant même qu'il sache nager, moins encore border une voile, son parrain le baladait dans une petite prame, au milieu du port, et l'enfant, apercevant les herbiers sous-marins, était troublé par cette vie opaque et nourricière.

La grève bordant la ville était ponctuée d'épaves plus ou moins anciennes, les unes dévoilant leurs bordés blanchis, les autres encore pimpantes, du moins par l'habillage et la peinture. Pour les gosses, il n'était pas meilleur terrain de jeu, il n'en était pas d'autre. Ils s'installaient à la passerelle des bateaux déchus et s'emparaient de la barre, nichaient dans les cabines, visitaient les fonds. Et partaient en rêve, imitant les gestes des parents, des grands frères. Mais le jeu n'était pas dépourvu de gravité. A chaque quartier de la cité un ou plusieurs bateaux étaient dévolus, non seulement pour s'y divertir, mais pour en assurer l'entretien. Les épaves étaient soignées, nettoyées, restaurées, mises en chantier comme jadis. Et les enfants qui acceptaient ce travail n'y voyaient nulle corvée. Ils savaient aussi déjouer les pièges du trompe-l'œil, préférer une coque ancienne, dont les lignes étaient pures, à un bâtiment plus clinquant, voilier motorisé que des regards moins cultivés auraient jugé plus « moderne », donc plus propice au divertissement.

L'itinéraire de Jean-Marc est riche en à-coups, en contrariétés. Il songeait à devenir radio quand la spécialité s'est éteinte. Il a bifurqué vers la mécanique puisque l'école, qui n'avait pas détecté son penchant littéraire, l'avait orienté en CAP. Mais, peu de temps après son entrée au remorquage, une compression de personnel l'a exclu de la machine. Et c'est en devenant matelot, sur le pont, qu'il a retrouvé un emploi et une qualification. Désormais, il est l'*alter ego* de Lionel. Reste que ces multiples dents de scie n'ont pas altéré une ligne droite : dès que l'Abeille est à quai, Jean-Marc dessale, brique, peint, applique de l'acide pour dissiper la rouille. Il est fier du bateau.

Le troisième pilier, Charly, c'est l'ancêtre – il a mon âge. Lionel et Jean-Marc sont dans leur quarantaine, Charly vient d'attaquer la décennie suivante. A terre, c'est une étape parmi d'autres. Chez les marins, qui prennent leur retraite à cinquante-cinq ans, c'est l'âge où l'on commence, selon la formule consacrée, à se sentir « la tête dans le hangar ». Charly et moi n'avons pas uniquement le hangar en commun : nous sommes pays. Il habite Ploubazlanec, où résidaient, naguère, beaucoup d'« Islandais » (les Paimpolais qui s'en allaient « pêcher à Islande »). Mais la pêche, pour lui, n'a jamais été un métier, juste une passion : s'il s'agit de débusquer le lieu ou le bar entre Bréhat et la côte, Charly est un artiste. Son métier, en revanche, l'entraîne sous l'eau. Son père était second mécanicien, il l'a suivi vers les profondeurs brûlantes des navires. Bruyantes, aussi – mon ami Charly, à force de sirènes, de pistons, de bielles et autres cymbales lucifériennes, est un peu dur d'oreille.

Mais ne comptez pas sur lui pour décrier son

enfer. Il vous dépeindra la machine comme une douce matrice, un havre où il fait bon se rouler en boule et s'endormir, à même le sol, lové entre les canalisations tièdes. Son meilleur souvenir fut le remorqueur, une antiquité, sur lequel il accomplit ses obligations militaires. Une machine à vapeur ! Il fut puni parce qu'il ronflait sous les chaudières. Charly aime toucher, ouvrir. Les turbines enfermées dans des boîtes étanches, les engrenages sophistiqués qu'on surveille à distance, luttant contre la monotonie des quarts, cela ne remplacera pas le bonheur de fureter, démonter, régler, non pas quand la panne est là, mais en route. Charly se méfie des ingénieurs, des officiers qui ont appris la machine sur papier et non la burette au poing. Il se défend.

C'est un tendre, Charly, un tendre avec lequel je n'aimerais pas me battre. Il ne faut ni le décevoir ni l'emmerder. Il rumine, il se ronge, il explose. S'il flaire une once de mépris ou de désinvolture autour de lui, la colère le gagne, et malheur à qui éveille la colère de Charly, car la colère du juste ne connaît pas de limites. Son regard débonnaire devient fixe, et soupçonneux. Toute sa carrière est jalonnée d'indignations (mais en ce temps-là, les embarquements foisonnaient : sitôt viré, tu traversais le quai et tu prenais le bateau d'en face). Un petit chef le provoquait : l'animal se fit, au sens propre, repeindre le museau. Un autre lui adressa une proposition sexuellement incorrecte : je crois bien que mon ami dégaina le couteau. Et la saga conte même qu'il mordit un soir la joue de son commandant sous prétexte de lui souhaiter, d'une grosse bise, la bonne année. Ainsi Charly, le graisseur tranquille et intrépide, le marin qui ne connaît, sur le Zodiac, qu'une seule allure – en avant toute, surtout quand un ponte commercial ou politique rejoint le bord –, ainsi Charly, maître mécanicien, quart après quart, glisse-t-il sa tête dans le hangar avec la satisfaction du devoir accompli. Travailler sur l'Abeille, conclut-il, est « un certain honneur ».

Ce ne sont pas les « grandes gueules » que je collectionne, profitant de l'été indien. Parfait contresens. A l'écoute des « figures » du navire, je m'éloigne du pittoresque. Sauf Jean-Paul qui, par définition, interpelle la terre entière, mes compagnons se tiennent en deçà, en réserve, ni muets ni hâbleurs. Leurs histoires, ils les livrent volontiers, mais à la demande, exclusivement. Ils ne sont pas banals, ça non. Mais ils sont à mille lieues du folklore vire au guindeau. Depuis quelques années, dans toutes les boutiques portuaires et touristiques, vous trouvez les mêmes objets, petits chalutiers à filets, phares bleu et blanc, voiliers en bouteille, sextants miniatures. Ces reliques « maritimes », fabriquées à la chaîne dans les petits dragons d'Asie, sont ensuite adaptées au pays – j'ai rencontré le même modèle en Islande et aux Caraïbes, le pavillon seul avait changé. Et cette fausse culture, cette imagerie en toc, a son pendant, son symétrique : « l'extrême » médiatisé, la vague convertie en arène, avec retransmission *live* et frisson devant l'écran. Les hommes dont je parle sont complètement étrangers à l'un et à l'autre phénomène, à la quincaillerie mièvre qui n'est pas plus « maritime » que Popeye et au mélodrame alimentaire dont le spectacle est à lui-même sa propre fin. S'engluer dans des clichés pareils, c'est se persuader que *Notre-Dame de Paris* est bien le chef-d'œuvre de Walt Disney, et que *Les Dents de la mer* perpétuent *Moby Dick*.

Ce ne sont pas seulement leurs « aventures » qui transforment ces marins en personnages. C'est la conviction très forte qu'ils expriment d'incarner une réalité singulière, marginale, et, de plus, en train de périr. Ils se décrivent, chacun avec ses mots, comme les derniers des Mohicans, les derniers qui n'ont pas appris à l'école, les rescapés provisoires d'un naufrage. Évoquant la quasi-disparition, en France, de la marine marchande, Jean-Marc dit : « Le pire, c'est que ça se passe tout en douceur. Il y a une trahison, là-dedans, on perd le fil de la mer... »

*
* *

Nous bougeons. Carlos, *pianissimo*, d'un seul doigt, fait pivoter vers bâbord la courte manette des *thrusters*, les propulseurs d'étrave. Et les 3 500 tonnes du bateau s'écartent du quai, paisiblement. Il réduit les propulseurs, donne un léger mouvement de barre, et actionne simultanément les deux leviers, habillés de bakélite noire, qui dosent la puissance des moteurs. Les compte-tours répondent aussitôt, et nous glissons vers l'extrémité du bassin. Pas un bruit, une infime vibration, très lointaine. En bas, les diesels fulminent, les génératrices attelées grondent, les hommes s'équipent de casques assourdissants lorsqu'ils quittent le poste de contrôle pour plonger dans la fureur des décibels. Mais nous, accrochés à notre nacelle, nous planons dans un éther feutré.

La passerelle est intégralement vitrée. Sur un remorqueur, la partie la plus difficile du travail s'accomplit vers l'arrière, et il n'est pas rare qu'en pleine tempête il faille s'approcher à quelques mètres d'un navire désemparé. En de telles circonstances, voir clair, posséder des yeux dans le dos, est une sécurité minimale. Du même coup, l'horizon entier, l'intégralité du paysage, nous envahit. Nous en arriverions presque à oublier l'épaisseur du bateau, le formidable socle sur lequel nous sommes juchés. Et l'aisance avec laquelle il se meut, fluidité de la mécanique, souplesse des hélices à pales orientables, finirait par dissimuler la démesure de notre élan, la violence de cette masse catapultée, violence qui s'apaise lentement comme on rassure un cheval éperdu.

Ce départ est un faux départ. Nous ne prenons pas le large : nous changeons d'adresse. Le coefficient des marées a grimpé. En vives eaux, notre bassin habituel n'est plus assez profond, et force est d'émigrer cinq éperons plus loin, en amont de la rade. Notre destination porte un nom trivial – le quai à la ferraille. C'est le quai du bout, le quai de l'oubli, perdu dans les friches industrielles, auprès des formes de radoub et de la station de dégazage. Il doit son nom au tas de déchets métalliques régulièrement déversés là par les camions de service. Mac Orlan, qui aimait Recouvrance, la vie ouvrière jouxtant celle du port, et pour qui un port, c'était de la chair, Mac Orlan, devant pareil spectacle, courrait faire son trou dans l'eau.

Nous arrivons. Carlos, à nouveau, joue des hélices et des *thrusters*. Comme d'habitude, il se présente par l'arrière, positionne l'Abeille, et ensuite se rabat délicatement sur tribord. Le premier commandant qui lui enseigna la manœuvre observait une règle : au moindre choc à l'accostage, le maladroit devait payer à boire. L'élève a retenu la leçon – s'il paie volontiers sa tournée, c'est pour un autre motif. Le remorqueur paraît trouver de lui-même son poste, sans un à-coup. Tout est placide, progressif, dénué de commentaire, de la moindre trace d'énervement. Le bouillonnement féroce de l'eau vrillée dans les tuyères trahit, seul, la brutalité des forces qui, peu à peu, s'annulent. Une arrivée ressemble, par la coordination des gestes, à un adagio ou un défilé de mode, le ton est serein, quasi nonchalant. Avant même que la coque et le quai soient en contact, deux matelots sont à terre. Des toulines (des petites pommes de cordage tressé, accrochées à un filin) leur sont lancées, grâce auxquelles ils halent les aussières qu'ils tournent sur les bittes. Les treuils du navire raidissent l'ensemble, et, dans le même temps, Lionel, installé à la grue, descend la coupée. En deux minutes au plus, le bateau est stoppé, amarré, accessible.

Nous sommes en début d'après-midi. L'anticyclone cède du terrain. Le crachin s'est abattu sur Brest, un cocon de brouillasse, de pluie impalpable, tu ne sens pas la moindre goutte et te découvres trempé. Un supertanker, au moins 300 000 tonnes, émerge de la cale de radoub où il est posé. On n'en discerne, depuis l'Abeille, que le contour, les écubiers, le château. Tout cela flou, mangé par la demi-brume. Les plages de terre qui séparent les grils de carénage sont transformées en auges boueuses. Quelques grues immobiles, le crochet dégoulinant. Des palissades éparses. Les goélands, une bonne centaine, tournent autour des silos et des hangars pleins de soja, et crient leur faim inextinguible. La « zone portuaire », ici, mérite absolument son nom.

Cela n'affecte guère mes compagnons. Sans doute, le premier bistrot est à trois quarts d'heure de marche. Mais notre exil offre des compensations. En combinaison orange, bottes aux pieds, mains protégées par des gants épais, les mécanos s'approchent, l'air goulu, du monceau de ferraille haut comme trois hommes. Ce n'est pas de l'ordure, ces lames enchevêtrées, ces pignons rouillés, c'est de l'or, c'est le trésor de Monte-Cristo. Et ils fourragent là-dedans avec une passion de collectionneur.

Et puis, les marins ont l'habitude du *no man's land*. A Rotterdam, il faut louer un taxi pour boire une bière. Sur les pétroliers, on ne touche même plus le quai, on se connecte à un terminal, et l'on repart. Avatars de la rationalité financière, du flux tendu. Oui, mais pas uniquement. Le B-A. BA de la culture maritime, c'est l'art de faire le point, de se situer par soi-même. Les marins, anciens ou modernes, fonctionnent à l'intime conviction, et n'ont d'autre garant de leur propre existence, de leur propre trace, que l'hypothèse par eux formulée. Leur univers est dépourvu de route : ce qu'ils nomment ainsi est une fiction, une ligne sur la carte, ligne qui n'est jamais droite, affectée par les courants et les houles. Tous les marins, d'une certaine manière, sont perdus. Ils ne se retrouvent que tout seuls.

Sur le coup de 17 heures, Carlos et moi partons nous dégourdir les pattes, entre bruine et pluie. L'air est un peu moins opaque, l'eau un peu plus pénétrante. Sa maison blanche, au cœur du quartier Saint-Marc, domine le terrain vague que nous arpentons. Nadine, sa femme, passe souvent à bord, en fin d'après-midi, avec Corentin, le temps d'un verre et d'un baiser. Carlos lui-même, quand tout est calme, monte jusque chez lui avec sa vieille Golf, l'espace d'une demi-heure. Mais il ne reste jamais dormir là-bas, même s'il est à moins de dix minutes et si les quarts sont assurés. Parce qu'il est le commandant. Et parce que nous sommes « en opération », fût-ce à quai. Le bip épinglé au revers de nos blousons en témoigne : pataugeant de concert, bavardant sous la douche céleste, nous sommes « en opération ». La belle Nadine aux longues jambes et aux pommettes hautes sait que ce n'est pas une fiction. Quand on lui parle de l'Abeille, ses yeux très verts s'assombrissent parfois, sa voix grave devient coupante, le remorqueur lui vole son homme.

Carlos me raconte comment il a été recruté par la compagnie, en avril 1980. Il n'avait pas trente ans mais avait déjà engrangé nombre d'expériences toniques, officier sur des cargos, commandant d'un trois-mâts ancien, régatier. Les catastrophes pétrolières en chaîne et les défis qu'elles suscitaient l'avaient convaincu de postuler pour cet emploi qui ne ressemblait à rien de connu. Il a expédié au Havre un curriculum vitae bien senti, et, convoqué, s'est présenté pile à l'heure en costume-cravate. De l'autre côté du bureau, un type débraillé, les pieds sur la table, s'est annoncé comme le chef d'exploitation.

– Tu sais l'anglais, au moins ?

Carlos fournit un échantillon de ses talents linguistiques. L'autre feint de ne rien comprendre. L'entretien tourne au sketch :

– Quand on porte une jolie cravate, on vérifie si sa braguette est fermée…

Carlos inspecte sa tenue. L'autre a raison. Mais le candidat ne se laisse pas démonter. Du tac au tac :

– Tu vois, on a beau se mettre propre, on est toujours trahi par le cul…

L'examinateur se fend d'une oreille à l'autre.

– OK ! T'es pris.

A vrai dire, l'impétrant était engagé avant qu'il ait franchi le seuil. Le monde des marins fonctionne par réseaux serrés, et la réputation de Charles Claden – parrainé par Jean-Pierre Roger, ancien commandant au pétrole devenu un grand du remorquage – n'était plus à faire. Bon manœuvrier, aimant la java, courageux, et fuyant la routine. Du gibier d'Abeille. Signe d'une motivation qui n'était pas mince, il avait refusé un commandement de cargo pour découvrir, simple lieutenant, la passerelle d'un remorqueur de haute mer. Sa première mission fut d'aller chercher une plate-forme pétrolière à Galveston, au Texas, et de la ramener en Irlande. L'affaire prit du temps et l'équipe de l'Abeille Normandie avait établi ses quartiers dans un bar tenu par un Gallois, ancien international de rugby, qui organisait, au fil d'un ruisseau de bière, les « championnats du monde de course de cafards ». En mer, Carlos rejoignit l'équipage de la plateforme. Un as du remorquage l'accompagnait, un dur à cuire. Le débutant s'adressa au maître dans son anglais fonctionnel : et si le remorqueur est défaillant, s'il commence à être emporté par ce qu'il tracte, quelle parade reste-t-il ? L'autre demeura un instant silencieux, puis, toujours sans un mot, s'agenouilla et se mit à prier.

Carlos rit sous la pluie. Les hommes du métier s'accordent un droit à « l'enfantillage », comme disent les gens circonspects, très supérieur à la moyenne.

Nous approchons d'une immense forme de radoub, la plus vaste d'Europe, paraît-il. Un méthanier colossal y est encastré, les lettres de son nom, Polycarp, mesurent bien 2 mètres. Nous approchons encore, happés par la scène. Un navire au sec est toujours dérangeant, on a l'impression de visiter des coulisses comme un voleur ou un voyeur, de saisir ce qui n'était pas destiné à l'œil mais aux profondeurs clandestines. Et soudain, au milieu de ce désert gris, voici une femme. Elle porte un pantalon bleu, une salopette d'ouvrier, une vieille parka maculée. Dans sa main gauche, un chiffon. Dans la droite, un pinceau. Elle a planté son châssis à l'aplomb de l'étrave, et elle peint. Le tableau est inachevé, mais il a déjà de la force, la puissance du modèle rencontre l'énergie de l'artiste. La femme peintre nous tourne le dos, ses cheveux blond-roux sont rassemblés en une queue de cheval, et collés par la pluie. Nous nous taisons, craignant de l'effrayer, craignant aussi que notre silence l'effraie plus encore. Mais elle a entendu nos pas, elle se retourne et sourit :

– L'acrylique, par ce temps-là, c'est vraiment infernal.

Elle s'appelle Ann Smith, elle est britannique, trahie par son accent et aussi par ce mélange de toupet et d'aménité propre aux jolies Anglaises. Ses yeux sont d'un bleu léger, ils flottent, lumineux et assurés, entre poutrelles et portiques. Ann paraît totalement à son aise, sachant clairement où elle est, et pourquoi, les pieds fichés dans la gadoue. Elle aussi est fille de l'intime conviction. Pas étonnant qu'elle tourne autour des marins.

Nous la saluons et revenons vers le bateau, songeant que les déserts, comme les ciels bretons, ne sont jamais vides. Carlos remonte jusqu'au col sa fermeture éclair. Le pavillon du mât de charge s'est mis à claquer. L'été indien est terminé, mon ami. Les affaires reprennent.

2

5e ouest

Je dors. La bannette est assez raide, du bois en guise de sommier, mais les draps sont frais et la couette est tiède. Faute de table de nuit, j'ai, comme chaque soir, traîné le fauteuil près du lit et j'y ai disposé les accessoires de mon rituel, livre, eau minérale, et tous ces petits objets dont le docteur Freud dit qu'ils nous préparent, dans leur disposition maniaque, à basculer vers l'obscur. Je dors, bercé par le tremblement de la maison flottante, résonance des groupes électrogènes, trois étages plus bas, dans leurs cocons, et souffle de la ventilation. L'air, la lumière, dans cette maison, sont produits ou dosés sur place, nous n'avons besoin de rien, merci. Je dors si bien que je n'ai pas entendu se coucher Dominique, le lieutenant, mon voisin, dont le quart s'achève à 4 heures.

Et puis un coup sourd, un ébranlement général. Suivi d'un autre. Le bateau tosse contre l'appontement. Le quai à la ferraille, qu'aucun môle ne protège des vents de la rade, livre notre flanc au suroît. Et si le suroît pousse assez pour transformer l'Abeille en gong, c'est que la dépression est sur nous. Je me lève, il est 5 heures moins le quart, je tire le store qui aveugle mon premier sabord. Oui, ça souffle. Le crachin a été balayé par le vent. C'est maintenant une pluie battante, striée de rafales que dessinent les projecteurs. Presque simultanément, le voyant orange de l'interphone clignote et j'entends la voix de Carlos :

– Alerte météo. On appareille pour Camaret.

Je descends au carré. Nous avons le temps de boire un jus. L'alerte qui a été déclenchée par la permanence du COM (le groupe de pilotage fonctionnant, jour et nuit, au Château) signifie que les guetteurs du sémaphore de Créac'h, à Ouessant, ont relevé des vents supérieurs à 25 nœuds – ce qui n'est pas très méchant, juste assez pour quitter Brest et se dégager de la rade d'ici que ça se gâte. La cuisine de Jean-Paul est pleine. Et l'ambiance n'est pas du tout celle qu'on imaginerait. Nul ne ronchonne contre ce lever trop matinal. Même ceux qui ne sont pas de quart trahissent le soulagement. Le CDG, qui, de toute façon, serait éveillé à cette heure, est au mieux de sa forme :

– Vous avez de la chance que je ne sois pas commissaire politique, parce qu'avec moi, votre libération, vous pourriez toujours l'attendre…

C'est une libération, en effet, même si le quai à la ferraille n'est pas le goulag. Nous ne partons pas très loin, en principe, mais nous partons. Et nous pénétrons, parodiant les physiciens, dans un nouvel espace-temps. Nous ne savons pas où nous allons vraiment, nous ne savons pas pour combien de nuits, nous ne savons pas si la météo sera maniable ou rude, nous ne savons pas si nous nous contenterons d'observer ou si nous devrons intervenir. Agenda, s'abstenir. Et c'est une grâce que d'échapper ainsi à la certitude planifiée. Ce l'est moins pour le matelot qui compte ses derniers jours et craint de manquer la relève – le temps s'allonge, en fin de période, il pèse double, on est déjà loin, on a déjà quitté le bord. Mais la patience en mer, fût-ce au mouillage, n'est pas de même nature que la patience à quai : l'air est devenu vif, des choses étonnantes sont concevables, et nous cessons d'errer entre deux univers, un pied dedans un pied dehors, quatre heures de travail et dix minutes en ville.

Je rejoins Carlos à la passerelle au moment où Brest, sur tribord, clignote en s'estompant. Carlos annonce notre appareillage et notre destination à la DP. Lionel a quitté le pont et doit être en train de se sécher. Nous sommes plongés dans le noir. Les seules lueurs sont le rouge du gyrocompas, le jaune des rhéostats de puissance, et la polychromie des radars, au nombre de deux, où s'active, à peine discernable, Dominique. C'est subtil, le radar. Trop de « gain » et l'écran est noyé sous les échos. Mais si l'on règle timidement la sensibilité, on ne voit plus rien. Il faut, de reste, une longue accoutumance, près des côtes où mille signaux vous reviennent, pour distinguer un bateau d'une bouée, une jetée d'un immeuble. En revanche, quand on est sûr de ce que l'on a identifié, l'instrument s'avère prodigieux : les distances et les relèvements qu'il suggère sont fiables. Dans la brume, dans la « piaule », souvent, ne subsistent plus, pour guides, que quelques taches colorées.

Le lieutenant, en charge de la route, est un homme minutieux. Le radar ne lui suffit pas. Il ne cesse de faire la navette entre le radar et la grande table à cartes, recoupant ce que ses yeux aperçoivent au large avec l'écran de la machine, puis l'information de cette dernière avec le point classique tracé au moyen de la règle de Cras (l'amiral qui inventa ce rapporteur lui a légué son nom). Le goulet, Carlos et Dominique l'ont franchi dix mille fois. Justement. C'est en pays de connaissance que la tentation est forte de céder à l'habitude, de traiter le navire comme un âne sur son parcours familier. Les spécialistes du remorquage sont forts d'un constat : les erreurs les plus patentes sont le fruit soit de la méconnaissance du lieu, soit de son contraire – d'un excès de confiance. Aussi pratiquent-ils ce qu'ils recommandent à autrui. Sur l'Abeille, pas question, au ras des cailloux, de s'en remettre au GPS, le positionnement par satellites : la courte défaillance d'un relais suffit pour vous expédier sur la roche. On procède à l'ancienne avec du matériel dernier cri, gageant que la plus sophistiquée des technologies nouvelles ne peut remplacer un bon alignement.

Dominique est un homme efficace et réservé, devenu officier par le rang – ce qui ne va pas sans jeter un trouble chez ceux qui n'ont pu suivre pareil chemin. Il est originaire de Batz-sur-Mer, le pays des paludiers, et a introduit à bord la subtile fleur de sel que cultivent ses parents et amis. Modeste, il incarne bien le sens marin de la précaution. Il connaît l'adversaire : la désinvolture. Les gens de mer sont les plus autonomes qui soient, mais au prix du doute méthodique. Entre le lieutenant et le commandant, la confiance n'est pas un facteur psychologique, c'est une nécessité vitale – quand le premier descend se coucher, à minuit, et laisse l'autre maître du navire, il faut qu'il dorme en paix. Et le commandant dort tranquille lorsque Dominique est aux manettes. Tous deux, si différents soient-ils, ont à peu près la même définition du sérieux. Carlos n'aime guère aligner des sentences (hormis les « pensées » de *L'Almanach du marin breton* : la perle n'a pas de valeur dans sa propre coquille, un verre d'eau douce ne dessale pas la mer, quand l'alcool entre les paroles sortent, etc.), mais il cite fréquemment à ses visiteurs la phrase du père Hugo, écrivant debout contre son pupitre de bois, depuis la vigie de Guernesey : « La mer est un espace de rigueur et de liberté… » En la circonstance, Carlos, pour qui l'autodérision est une hygiène spontanée, commente, et va même jusqu'à insister, pédagogue : plus on est rigoureux, plus on est libre…

La nuit est ténébreuse, nous progressons feu après feu. La tourelle de Mengam (trois éclats blancs), la basse Goudron (scintillante rouge), celle de Kerviniou (deux éclats rouges), face à la pointe du Petit Minou, et bientôt Swansea (deux éclats blancs). L'anse de Camaret se trouve sur bâbord, sous la pointe du Grand Gouin. Carlos passe la barre en manuel, la désaccouplant du gyrocompas. Et cherche son alignement afin de mouiller juste. Il connaît la moindre loupiote, le moindre détail de la jetée, et s'aide des deux lanternes rouge et verte qui balisent l'entrée pour atteindre son but (le port est peu profond, il faut nous ancrer à l'extérieur, devant la chapelle Notre-Dame). Lionel est déjà dehors, à la proue ; armé d'une lampe de poche, il va surveiller le bon défilement de la chaîne dans l'écubier. Jean-Marc s'est installé au treuil. La pluie redouble. Normal : les hommes du pont, habitués à s'habiller et se déshabiller constamment, soutiennent que le ciel se gâte quand ils ont à sortir, et baptisent cette perfidie « le grain de la manœuvre ». Un bref coup de sirène. La chaîne part pour quatre maillons (quatre fois 30 mètres) dans un boucan du diable. Gardant les moteurs débrayés, Carlos surveille l'évitage, la manière dont le bateau cherche le lit du vent. Dominique met en mémoire, sur le radar, la position du remorqueur, en sorte que le matelot de quart soit averti du moindre dérapage. Puis il contacte le sémaphore de la pointe Saint-Mathieu, le plus proche, confirmant l'heure et le poste d'arrivée.

Les risées, à l'anémomètre, atteignent 33 nœuds, le haut de force 7, nous sommes entre le « grand frais » et le « coup de vent ». Pour mon voilier, ce serait le stade de l'inquiétude et de la quête éventuelle d'un refuge. Pour l'Abeille, ce sont les préliminaires. La dépression va maintenant exécuter sa partition, jouer sa valse à trois temps. Le suroît, pour encore quelques heures. L'ouest, ensuite, avec le maximum de pluies et de nuages. Enfin le noroît, l'arrivée du front froid dans un ciel de traîne. Nous nous méfions de ce dernier acte : la lumière revient, des rayons se faufilent, le soleil perce, ça sent la fin, on a envie de se détendre, de lever le pied. Danger. Avant de s'évanouir, de monter au nord, le vent pousse son dernier cri, décousu et rauque, avec la rage d'en finir. La mer est alors formée, au comble de sa violence, et c'est là, souvent, qu'on souffre le plus.

Le jour, grisâtre, est à présent perceptible. Que ceux qui le peuvent aillent se coucher, le diurne et le nocturne, désormais, ne connaîtront plus de frontière. Sans doute, les prévisions météorologiques sont remarquables, les satellites fournissent des images précises, et les modèles statistiques interprètent habilement ces dernières. Mais la marge d'incertitude qui subsiste fait toute la différence. Selon que le front circule quelques dizaines de kilomètres plus haut ou plus bas, ce qui n'est rien à l'échelle céleste et n'invalide nullement le travail des experts, nous surferons sur la vague ou serons durement malmenés. Et cette légère nuance, personne n'en est maître.

Carlos reste à la passerelle, son tour de quart tombe maintenant, mais il s'imposera, après déjeuner, un repos préventif. Une deuxième dépression, pour l'instant pas trop creuse, se profile à la suite. Sur le rail et autour d'Ouessant, la radio s'anime. Le CROSS rappelle à l'ordre un cargo turc, un vraquier de 100 mètres, qui s'écarte de la voie autorisée. Un voilier anglais signale une avarie de gouvernail, réparable, semble-t-il. Plusieurs caboteurs côtiers s'alarment et sollicitent, auprès des aiguilleurs de la mer, un conseil pour mouiller à l'abri. La marée achève de monter, le courant, pour l'instant, se conjugue avec le suroît. Mais, après la renverse, au jusant, les millions de tonnes d'eau refluant de la Manche seront confrontées aux bourrasques. Même si le temps ne fraîchit guère, vent contre courant, en vives eaux, c'est l'assurance d'une houle qui lève.

*
* *

Je descends en compagnie de Guitou, le chef, un sacré lascar. Abordant la cinquantaine, il est l'aîné de Carlos, mais d'innombrables souvenirs les unissent, y compris le championnat du monde des cafards, à Galveston. Si je ne craignais d'insulter ses convictions farouchement mécréantes, j'écrirais que Guitou a des allures de chanoine, la silhouette débonnaire, le visage rond, le rire spasmodique et l'œil finaud. Guitou ne craint aucune provocation, il en revendique la pertinence, jusqu'à se rendre impopulaire auprès de l'équipage (en outre, délégué des officiers CGT, il se heurte à Jean-Paul, défendant bec et ongles son pré carré corporatif). C'est le genre de type qui, au péage, fonce derrière la voiture engagée afin de franchir la barrière sans payer, pour le jeu autant que pour l'argent. Guitou se proclame, *urbi et orbi*, libre penseur, anarchiste, Kama-sutriste prosélyte, pirate informatique, amoureux de son épouse, voyageur insatiable, et bon père de famille. Son plaisir suprême, affirme-t-il, consiste, le soir, quand il est débarqué, à s'en aller pisser dans la mer toute proche de la maison, imité par sa chienne Choupette, laquelle est elle-même suivie du chat domestique. Après avoir traversé – et renouvelé – pareille expérience, on peut mourir.

Guitou est un adepte fervent du comique de répétition. Sa formule la plus courante, prononcée en toute occasion et sans arrière-pensée consciente, tient en quatre mots : « Le doute m'habite... » Mais il se lance aussi dans des développements plus fournis où le calembour sert de clé de voûte. Né d'une Bretonne et d'un Suisse allemand, il est, dit-il, fils d'Uhlan. Bien articulé, cela autorise (ton sentencieux, presque déclamé) :

– En tant que petit-fils d'Uhlan, en tant que fils d'Uhlan, en tant qu'Uhlan moi-même...

Et il glousse avant que l'interlocuteur ait compris la saillie.

Le rapport qu'entretient Guitou avec la technologie est fondé sur un postulat simple : rien n'est indémontable, tout peut être reproduit. Sa *Weltanschauung*, sa vision du monde dans la langue des Uhlans épris de phénoménologie, représenterait l'univers comme une série de boîtes gigognes dont aucun boulon, aucune agrafe, aucune serrure, aucune combinaison ne serait résistant au génie humain. Et il démonte, allant parfois jusqu'à remonter. Son bureau est encombré de fragments d'ordinateurs, puces, disques durs, circuits intégrés, fruits d'une récupération gloutonne. Et il s'est aménagé, dans une pièce désaffectée, un petit atelier personnel où trône, entre autres, un appareil à reproduire les clés et graver les plaques, semblable à ceux qu'on trouve dans les supermarchés ou chez les cordonniers, cadeau de son beau-frère, grâce auquel il a rebaptisé ma cabine du joli nom de *postal off.* (le « postal », sur les navires de commerce, était autrefois l'homme à tout faire, balayant, rangeant, vidant les pots et les cendriers).

Mais il redevient grave quand on lui parle de la machine. Toutes les mécaniques sont vulnérables, dit-il, celle de l'Abeille comme les autres.

Je m'étonne. Pourquoi les autres bateaux sont-ils en panne, et nous pas ? Guitou me regarde avec l'abnégation de l'instituteur en terre de mission. Parce que l'Abeille, dans sa conception, intègre une exigence particulière : la redondance. La redondance ? Oui (le chanoine, ici, croise les mains d'un air patelin) : la redondance des circuits et des ressources. Quatre moteurs, quatre embrayages, deux arbres d'hélice au sous-sol. Trois postes de pilotage à la passerelle, chacun étant doté d'un double système de donneurs d'ordre. Suffisamment de groupes pour pallier un *black*. Le mystère n'est pas si épais : l'Abeille est, tout simplement, un bateau nanti.

Je pousse l'interrogatoire. Qu'en est-il des 23 000 chevaux qui lui sont attribués ? Ah ! soupire Guitou, le doute m'habite, le doute m'habite. Ces fameux 23 000 chevaux sont calculés en y intégrant le rasoir du chef, ils sont assez comparables aux chevaux fiscaux du Salon de l'automobile. Ce qui compte vraiment, sur un remorqueur, c'est la capacité de traction au point de tire, soit 160 tonnes. Avec ça, on déhale le France, le Normandie et le Queen Elizabeth réunis. A la demande du préfet maritime, un exercice en vraie grandeur, impliquant la participation d'une compagnie pétrolière, a démontré qu'un supertanker de 500 000 tonnes, chargé au maximum, ne résistait pas à l'Abeille Flandre.

On aurait tort de penser que les gens de la machine sont les travailleurs « manuels » du bord. Ce seraient plutôt les métaphysiciens de l'équipage. Sans doute, ils vissent et dévissent. Mais ils sont plongés dans une rumination pérenne, la solution de chaque problème suscitant un problème nouveau. Au pont ou à la passerelle, les décisions, les manœuvres sont transparentes. A fond de cale, dans la « chambre », le provisoire est un axiome : ce qui fonctionne présentement est ce qui cassera bientôt, rien ne promet rien, rien ne garantit rien hormis la vigilance et l'humilité. Si l'on interroge le commandant, il explique volontiers, et facilement, pourquoi il est préférable d'aborder le navire désemparé vent arrière. Si l'on interroge le bosco, il indiquera sans peine ses zones à risque et ses refuges. Mais si l'on questionne Guitou, ou l'un de ses semblables, on frappe aux portes du mystère. A tout prendre, le seul élément sûr et certain, c'est celui qui est défectueux. Les chefs successifs ou alternatifs de l'Abeille se transmettent ainsi un carnet (ou un fichier informatique) rappelant, depuis les origines, depuis les siècles des siècles, tout ce qui a cédé, tout ce qui a trahi, et la manière dont le remède fut appliqué. Dans les cas aigus – ce que les médecins, succombant à une férocité gourmande, nomment un « beau » cas –, on sort de sa retraite Dédé Cabon, retiré à Lilia, près du phare de l'île Vierge, Dédé que Jean-François (l'autre chef, qui relève Guitou) nomme son « père spirituel ». Et Dédé Cabon, avec infiniment de tact, sans oublier qu'il est désormais à terre, dépanne le dépanneur. Chaque jour ou presque, le fax du bord adresse aux fournisseurs la demande expresse que telle pièce, tel ressort infime, soit disponible dès que nous toucherons le quai. Et le fournisseur, à toute heure du jour ou de la nuit, fournit, même s'il doit, pour cela, se fournir lui-même en Hollande ou aux Galapagos. Le chef et ses compagnons planent au milieu d'une constellation d'alarmes, des rouges, des vertes, des jaunes, des clignotantes avec ou sans sirène, alarmes qu'il convient, *illico*, d'« acquitter » – c'est le terme du métier.

Tu comprends ? Tu comprends ? répète Guitou avec la résignation impavide de qui se sait définitivement incompris. J'opine. Il ferme alors les yeux, se renverse légèrement en arrière, sur la banquette de son bureau, et s'endort dans la seconde, bouche entrouverte, respirant le bien-être, ronronnant. Guitou a bouclé la boucle, il a fait le tour du monde. Et il en ramené l'absolue conviction que le marin se distingue par son aptitude à pratiquer la sieste à toute heure, en tous lieux, par tous les temps. Car ce qui est pris n'est plus à prendre.

*
* *

C'est l'heure du dîner. Jean-Paul, pendant le service, change du tout au tout. Pas un mot de trop, pas une profession de foi. Nous sommes ses hôtes, et il nous reçoit, adaptant à chacun le plat ou l'assaisonnement – tel préfère l'huile d'olive, tel autre veut sa salade nature, tel goûte le thon saignant, tel autre l'aime à point, nous ne sommes pas à la cantine ni au self-service, nous sommes au restaurant. Carlos préside (quand son fils Corentin, le dimanche, est invité à déjeuner avec Nadine, c'est lui qui remplace son père). Dominique, qui gère la cave, renouvelle le bordeaux. Par les hublots, encadrés de rideaux verts, nous apercevons les lampadaires de Camaret. Le bateau se balance, la chaîne claque en explosions régulières. Et nous nous sentons repus, épanouis dans nos amples chaises, presque des fauteuils, accoudés à la grande table dont les pieds sont solidaires du plancher. Un univers douillet, et bien défendu. Mais, ce soir, Jean-Paul a repéré que le vent forcit. Exceptionnellement, il insiste :

– Personne ne finira le carpaccio ?

Les convives déclinent l'offre, un par un. Jean-Paul n'insiste plus mais avertit :

– Bon, je remballe. Mais vous savez ce qui vous attend demain (coup d'œil au hublot, où la pluie dégouline). Messieurs, nous passons à la phase coq au vin, osso buco, blanquette.

– Ça sent déjà le réchauffé, lâche perfidement Guitou (lequel sait fort bien que les plats en sauce, qui restent sur le feu, conviennent mieux à la mer forte).

– Je m'adapte, chef, je m'adapte à tout. Je m'adapte même à vous, réplique le cuisinier qui ne se démonte pas pour si peu.

La salle apprécie joyeusement. Carlos se lève, rassemble assiettes et couverts sur un plateau, et se dirige vers le lave-vaisselle. Depuis que les effectifs ont été ramenés à la portion congrue, le garçon de carré a disparu et chacun participe aux tâches subalternes, le capitaine montrant l'exemple – le cuisinier, lui, prépare la table et s'occupe des fourneaux. Le protocole, sur l'Abeille, tend à se dissoudre dans la vie de famille.

L'interphone émet un signal aigre, précédant la voix du matelot :

– Le commandant au téléphone. C'est le COM.

Carlos disparaît aussitôt. Guitou, fataliste :

– Je sens qu'un connard va nous priver de Sharon Stone.

La prédiction n'est guère aventureuse. Un appel du COM, par ce temps, c'est le chant du départ. En fait, l'apparente contrariété – quelle misère ! manquer le film à la télé pour aller faire des ronds dans l'eau... – est une thérapie prudente contre la bouffée d'adrénaline qui gicle soudain. On affecte le détachement, les fausses alertes, ça nous connaît, on en a vu d'autres, la routine. Mais, le grommellement émis, tout le monde est aux aguets. Pendant que Guitou et moi montons rejoindre le commandant (le chef, seul, est habilité à démarrer et couper les moteurs), Lionel et les hommes du pont enfilent leur combinaison, et, à la machine, le prégraissage est lancé. Jean-Paul, lui, range verres et ustensiles.

Carlos raccroche le combiné Gsm. Pour converser avec les responsables du COM, le téléphone cellulaire, si l'on est encore à portée, offre l'avantage de la confidentialité. A la VHF, on en dit le moins possible, afin de ne pas encombrer les canaux et parce que les auditeurs sont innombrables. Précisément, ce soir, nous sommes aux prises avec une ténébreuse affaire. C'est le cargo turc. Depuis des heures, il accumule les conduites aberrantes. Il a commencé par traverser en biais la voie montante, pénétrer sans autorisation dans la zone de séparation. Les veilleurs du CROSS l'ont appelé. Silence. Ils l'ont rappelé. Silence. Ils lui ont notifié qu'il était suivi au radar et que son attitude mériterait contravention. L'autre s'est identifié, de manière fort peu limpide, et sans expliquer ses intentions. D'ailleurs, il a bientôt fait demi-tour. Étonnement des aiguilleurs. Le vraquier finit par dire qu'il peine trop dans la mer formée et qu'il souhaiterait un abri. Le chef de quart du CROSS lui conseille la baie de Douarnenez, bien profonde, entre la pointe du Raz et Crozon, et lui donne les coordonnées de son mouillage. L'autre ne remercie pas, descend vers Ouessant. Et voici qu'il pique tout droit sur la chaussée de Sein, le cordon de récifs qui prolonge le Raz et dont le célèbre phare d'Ar Men ponctue l'extrémité. Nous sommes au jusant, les brisants vont bientôt découvrir. S'il continue ainsi, le Turc court à sa perte, corps et biens. C'est totalement incompréhensible.

– Quatre moteurs, dit Carlos.

Le chef a compris avant qu'il ait parlé. Guitou n'a pas besoin de mots pour savoir quels moyens sont requis, et quels boutons il doit presser. Il tourne la manivelle du téléphone qui le relie directement au PC machine. Et c'est parti. Les mailles de la chaîne grincent dans l'écubier. Dominique prépare la route. Je regarde l'anémomètre. Un peu moins de 40 nœuds, un peu plus dans les rafales – force 8 à 9, rubrique « coup de vent » à « fort coup de vent » selon l'échelle de Beaufort. Lionel agite sa lampe électrique pour indiquer que l'ancre est parée. Nous sommes manœuvrants.

Quatre moteurs – au lieu de deux pour les promenades ordinaires –, cela ne signifie pas que nous allons doubler notre vitesse. Un remorqueur tel que l'Abeille Flandre n'a rien de commun avec une vedette légère glissant comme un bolide à la surface des flots, mais arrêtée net par le premier remous. Notre allure théorique n'excède jamais 15 ou 16 nœuds (soit 27 kilomètres à l'heure). Les quatre moteurs, cela signifie que, dans l'urgence, ni le courant ni les vagues ne vont nous empêcher de progresser. Quand les autres se mettent en fuite (prenant les lames par l'arrière) ou à la cape (épaulant à vitesse réduite, en demeurant proche du lit du vent), l'Abeille taille sa route, quoi qu'il advienne.

A hauteur de la Parquette, dégagés de la pointe, il est clair que quatre moteurs ne seront pas de trop. Nous abandonnons derrière nous le dernier haut-fond pour pénétrer en mer d'Iroise où l'Atlantique s'engouffre violemment. Les longues ondes lointaines, chevauchées par les déferlantes du golfe, brisent ici en protestant. C'est une mer qui rassemble toutes les autres, abrupte et hachée, pendulaire et rageuse, elle peut être énorme à toucher les cailloux. Le cap Horn subit des tempêtes effroyables, mais la roche y est clairsemée et le trafic plus encore. Ici, nous avons tout, les dents de la mer, les dents de la terre, et la folie des hommes, folie qui va grandissant avec le nombre.

Nous bourrons dedans. Les creux ne dépassent pas 6 ou 7 mètres, mais le courant qui nous pousse, et qui atteint 5 nœuds à cette heure, en précipite la période. Nous ne sommes pas encore retombés qu'une barrière nouvelle se dresse, hissant le navire en porte à faux. L'Abeille est un bateau court, son étrave se plante durement dans la masse, avec une obstination de marteau-pilon, de concasseur. On va te l'éventrer, la mer, on va tailler dedans avec notre cognée, jusqu'à ce qu'elle éclate, jusqu'à ce qu'elle se fende. Sauf que la mer n'est pas un tas de bûches, qu'on n'en a jamais fini : elle se referme, elle se reforme, et tout est à recommencer. Mais nous sommes têtus, nous aussi. La preuve.

Il s'agit, maintenant, de bien se tenir. La passerelle ahane d'avant en arrière, par spasmes. Le grand pupitre des commandes est cerné d'une main courante à laquelle nous sommes tous cramponnés, Carlos près des radiotéléphones, Dominique devant le radar, et moi face au gyrocompas. Guitou, lui, s'est placé sur le côté, dans la position de Jésus sur la croix, perpendiculaire au tangage. Le temps vif, c'est comme la boxe : tout dépend du jeu de jambes. Si l'on se raidit, imposant aux bras l'essentiel de l'effort, on n'est bientôt plus qu'un squelette ankylosé dont l'ultime survivance charnelle est l'estomac roulant sur lui-même au point de souhaiter la mort. Il faut compenser, il faut se balancer, les genoux souples, jambes assez écartées, en arrière si le bateau plonge, en avant s'il se redresse. Il faut danser, sans même y prendre garde, comme dansent les bons danseurs, trouvant d'instinct le rythme et le meilleur polygone de sustentation. Il faut anticiper, et pour cela, conjointement, deviner la mer et le bateau, se faire houle et se faire tôle. Alors – mais alors seulement – cette épouvantable secousse, ce charivari des sens, finit par produire du plaisir. En plein chaos, la vie continue, et il n'est point de meilleure nouvelle. Elle continue même du bon pied.

La mer nous aveugle plus encore que la nuit. La proue, chaque fois qu'elle écrabouille l'écume, nous expédie, 13 mètres plus haut, un geyser d'embruns qui noie les carreaux. Les trois essuie-glaces se débattent inutilement. De toute façon, pour l'instant, il n'y a rien à voir au-delà du mât qui bat la mesure. A l'intérieur aussi, nous sommes aveugles. Pour se déplacer jusqu'à la table à cartes, il convient de préparer mentalement ses appuis, et d'agir vite avant que le plancher n'ait trop changé d'inclinaison : on ne marche pas, on glisse.

Nous sommes à trois quarts d'heure du vraquier désormais perceptible sur le radar. Pas de doute, il conserve son cap, et il avance à 7 nœuds. Carlos appelle le CROSS :

– Qu'est-ce qu'il vous raconte ?

– Toujours la même chose. Qu'il veut mouiller en baie de Douarnenez…

– Est-ce qu'il n'aurait pas un problème de matériel ? Si son point est faux, sa logique restera la même.

– J'essaie. Je le contacte.

Carlos augmente le volume de la VHF. Et nous écoutons l'opérateur du CROSS pratiquer l'atroce et pragmatique anglais du rail :

– *Ushant Traffic is calling the ship Izmir, Foxtrot India two three one three*[1]…

Rien.

– *Ushant Traffic is calling the ship Izmir, Foxtrot India two three one three…*

Un crachouillis, puis une voix.

– *Foxtrot India two three one three, I read you*[2].

1. « Ouessant Trafic appelle le navire Izmir, FI 2313 » [numéro d'immatriculation du bâtiment].

2. « Oui, je vous reçois » [lors des communications en phonie, les marins ont gardé l'habitude d'employer le verbe lire – *to read* – pour signifier *entendre* : c'est une survivance de la graphie, du morse].

Nous avons l'habitude, sur cette zone, d'entendre les voix les plus lasses qui soient, veilleurs en fin de quart, officiers du long cours minés par la routine, par la banalité des nuits et des traversées infinies. Mais le timbre de celle-ci est singulier, pâteux. L'homme serait-il ivre ?

L'aiguilleur du CROSS reprend :

– *Excuse me, Sir...*

(La politesse, quoique feinte, n'est nullement machinale. Plus le commandant d'un bateau délire ou paraît étrange, plus il manœuvre dangereusement, et plus les hommes d'Ouessant Trafic ont consigne de garder un calme impavide, une bienséance inoxydable. Ce n'est pas le moment de provoquer chez l'officier en difficulté ou délinquant un réflexe de vanité blessée.)

– ... *Have you a GPS on board ?*

– *Yes, yes...*

– *And can you give your position, please*[3] ?

– *My position is 48 degrees 11 minutes north, 4 degrees 58 minutes west.*

– *Thank you, Sir. What are you doing now ?*

– *I go on. And then turn to 90 degrees.*

– *When ?*

– *Half an hour*[4].

Dominique, à la table à cartes, pousse une exclamation, court jusqu'au radar, revient vers la table, retourne au radar.

– Il est fou, il est complètement fou ! La position qu'il donne est juste. Mais dans une demiheure, il sera planté sur les cailloux.

3. « Avez-vous un GPS à bord et pouvez-vous donner votre position ? »

4. « Je vais prendre un cap à 90 degrés dans une demiheure. »

Nous sommes derrière lui, pas assez près pour apercevoir ses feux. Peut-être nous distingue-t-il sur un radar, mais il ignore qui nous sommes, et pourquoi nous nous rapprochons. Carlos demande au CROSS de lui répéter l'information : s'il ne bascule pas à l'est tout de suite, il est mort. Ce type de situation est plus que délicat. L'Abeille n'a pas mission de police ni de répression. Elle n'arraisonne personne, elle navigue pour protéger et sauver. Carlos dessine, sur la table à cartes, une « zone de garde », la limite à partir de laquelle il estime que le cargo turc sera incapable de se tirer d'affaire par ses propres moyens. Puis il téléphone au COM et parlemente. Dans l'immédiat, il est décidé que nous allons nous montrer, et que le CROSS signalera et justifiera notre présence. Un remorqueur, quand même, ça ne se déplace pas pour rien.

Pendant que les aiguilleurs exécutent le scénario, l'Abeille amorce un mouvement tournant, allume ses projecteurs hollywoodiens. Dominique :

– Ah ! Il infléchit un poil sa route…

Il se reprend :

– Non, non, pas assez.

Carlos décroche le combiné VHF pour appeler directement le capitaine du vraquier. Mais à ce moment précis, l'Izmir se déroute et met cap à l'est, longeant les dangers. Nous le suivons trois bons quarts d'heure, afin d'être sûrs qu'un ultime coup de théâtre ne l'expédiera pas au naufrage. Enfin, le COM nous rend – c'est l'expression usuelle – notre « liberté de manœuvre ».

Guitou commente, à mon intention :

– Je t'avais dit qu'on sortait pour un connard. En plus, on n'a pas croché dedans…

Avouerai-je que, moi-même, cette mauvaise pensée me démange pendant que nous virons de bord et que les lames nous prennent par le travers ? Ce fou furieux qui s'éloigne dans la tempête nous laisse frustrés. Ce n'est ni la prime envolée ni la déception du chasseur. C'est le vertige devant l'absurde, la rage de rendre un service, et de ne savoir ni pourquoi ni à quel destinataire. Quel était donc ce commandant incapable de bafouiller quatre phrases ? Et quels sont les armateurs d'un tel navire et d'un tel équipage ? Carlos, dans ces cas-là, reste imperturbable. Il ne trahit aucun sentiment de déconvenue. Un naufrage a été évité. Quelle que soit la manière, c'est une bonne nuit.

Inutile de rentrer sur Camaret, le vent ne mollit pas, il grimpe vers le noroît, il faut se rapprocher d'Ouessant. Carlos n'aime guère « dégarnir » la zone. Lui qui goûte tant les longues traversées, qui garde un si chaud souvenir des convoyages de plates-formes, tirées patiemment à 3 nœuds d'un bout à l'autre de la planète, est maintenant collé à « son » île. Mais il ne s'en plaint pas. Car le franchissement du 5e ouest, le cinquième méridien auquel est accroché le bout de notre monde, la petite grappe de terres émergées, corrodées de partout, qui s'échappent du continent, ce franchissement est un grand voyage, cette frontière est une vraie frontière, plus réelle que maints découpages douaniers.

Si vous en doutez, débarquez à Molène, la

cadette d'Ouessant (par la taille et non par le rang, faut-il le préciser ?), et rendez-vous chez Cécile Masson, l'aubergiste, dont le fils Erwan, l'âme d'un pub chaleureux avec un vrai juke-box, a créé le fan-club de Johnny Hallyday le plus occidental d'Europe. Sur la porte de la salle à manger, un avis aux populations : le déjeuner est servi à partir de 12 heures *GMT*, et le dîner à partir de 19 heures. *GMT*. (L'heure du méridien de Greenwich détermine le « temps universel », c'est-à-dire soixante minutes de moins que notre heure, en hiver, et le double quand est appliqué l'horaire d'été.) Questionnez Cécile Masson sur le refus qu'elle affiche de pratiquer l'heure légale.

– Vous avez vu où nous sommes ? On ne va quand même pas vivre à l'heure de Berlin !

Le 5e ouest, c'est ça. Non pas une caste, une oligarchie. Presque le contraire. Le sentiment violent et profond que la différence est assez marquée par elle-même, qu'elle procède de l'évidence, et qu'il est inutile d'en rajouter. Le souhait, aussi, que les visiteurs laissent à l'entrée, sur le quai, leurs galons, leurs crocodiles Lacoste, leurs agendas Filofax, leurs organiseurs Psion rétroéclairés, leurs signes extérieurs de notoriété conquise. La France n'est pas oubliée. Le père et l'oncle de Cécile, au tout début de la guerre, se sont embarqués pour Londres à bord du canot de sauvetage (pris pour des espions ou des fous, ils ont d'abord été placés dans un camp par les Anglais, soumis à l'épouillage, longuement interrogés avant que leur bonne foi soit reconnue, et le père de Cécile a laissé sa vie dans une « opération spéciale »). Non, le reste du monde n'est pas oublié. Mais toutes les îles sont loin, fût-ce à 500 mètres de l'autre rive.

Il est 3 heures du matin – heure de Paris. Nous avons à bâbord le feu rouge de la Jument, et à tribord celui, blanc, de Kéréon, le dernier phare habité des côtes françaises. Autrement dit, nous embouquons le Fromveur, le chenal qui sépare Ouessant de Molène. *Fromveur*, en breton ouessantin, signifie « le grand torrent », et les gens du cru ne baptisent pas au hasard, la toponymie a valeur de carte. Les courants, ici, atteignent 8 ou 9 nœuds, ils n'ont point d'égal sur cette planète, hormis la baie du Mont-Saint-Michel, et celle de Fundy, au Canada. Et ce rapide furibond sera notre berceau pour le reste de la nuit, car nous y serons sous le vent de l'île. Dominique, à la passerelle, va nous promener de long en large, tantôt propulsés par le flot, tantôt entravés par lui. L'instant délicat est celui du retournement : si le bateau se couche, nous découchons.

Allongé dans la cabine, roulé par le grand torrent, j'ai du mal à m'endormir. Kéréon balaie mes sabords que je n'ai pas aveuglés. Un barbouillis diffus me noue l'estomac. Je ne suis pas franchement malade, mais j'ai cessé de danser. La position horizontale m'oblige à payer la rançon de l'été indien. Nous devons être plusieurs, en ce moment, à nous masser l'épigastre, chacun maudissant le Turc dans son coin. Sans l'obstination autodestructrice de ce dernier, nous aurions eu le temps de nous amariner, de retrouver les vagues par étapes raisonnables. Vais-je, comme disent les hommes de l'Abeille, « lâcher ma fusée » ? Non, finalement. Kéréon encore, deux occultations, une occultation. Et je coule.

*
* *

Lorsque j'émerge, la boule s'est dissoute au creux de mon estomac et je sais qu'elle ne reviendra pas de sitôt, j'ai acquitté mon péage. Nous sommes amarrés à un « coffre », une grosse tonne métallique qui nous est réservée, devant le port du Stiff, à l'est de l'île, sous la tour de la Vigie où sont installés, couvrant tout le rail, les radars du CROSS (les images lui sont transmises par ondes hertziennes). Ouessant n'a pas de vrai port. La baie de Lampaul, peu profonde, est ouverte à l'ouest. Le Stiff, protégé des vents dominants, a été construit artificiellement et permet aux traversiers, aux navires de la Penn ar Bed qui desservent l'île, d'accoster chaque jour. Mais notre abri est provisoire, précaire. Carlos n'aime pas prendre le coffre durant la nuit, on y perdrait un homme sans rien voir. Et puis la houle entre vite dans la crique, et nous sommes alors contraints de repartir.

Nous demeurons sur le qui-vive, les prévisions annoncent un train de dépressions. Au salon de l'équipage, où le commandant partage le café avec toute la troupe, j'en apprends de belles sur le cargo d'hier. Parvenu en baie de Douarnenez, il s'est mis à tourner en rond, jetant sa « pioche » n'importe où et n'importe comment. La touche finale. A la pointe du jour, la vedette des affaires maritimes était là, et ses occupants montaient à bord. Le bateau n'était pas, comme nous le pensions, un tas de rouille, il était récent et d'une valeur certainement importante. Sa compagnie l'avait cependant confié à un commandant septuagénaire, présentant les symptômes d'une sénilité précoce et payé 200 dollars pour amener le navire de Rotterdam à Istanbul. Le second capitaine, un Croate, paraissait plus éveillé bien que son brevet de qualification fût introuvable. L'équipage était formé de Philippins et de Coréens rémunérés 25 dollars. Et les fautes énormes de navigation avaient une cause très simple : le commandant ne possédait que des documents désuets (le tracé du rail actuel n'y figurant guère). GPS ou pas, il était incapable de se situer correctement par rapport aux dangers.

Personne ne ricane, personne ne s'esclaffe. Charly secoue la tête tristement. Jean-Marc, sans résignation ni colère apparente, avec une sorte d'amertume aiguë, laisse tomber :

– Un jour, à ceux qui disent aimer la mer, on répondra que ce sont des menteurs.

Mes compagnons n'en veulent pas aux hommes ignorants de l'art de naviguer. Pas en première ligne, du moins. Ils en veulent aux armements, aux assureurs. Les premiers jouent la statistique, ça passe neuf fois sur dix, et la dixième rentabilise la prime d'assurance qui coûte moins cher qu'un équipage compétent et du matériel irréprochable. Quant aux assureurs, ils sont eux-mêmes assurés, et tiennent, pour leur compte, un raisonnement analogue à celui de leurs clients : « généralement », ça passe. Les matelots enrôlés sur de pareils navires sont là pour la figuration, pour faire nombre, ce qui permet aux compagnies de s'affirmer en règle. Plusieurs fois, d'ailleurs, les hommes de l'Abeille, rejoignant un bateau en détresse, ont trouvé l'équipage rangé sur le pont, la valise à la main, attendant la fin du calvaire. Ils n'oublient pas non plus le porte-conteneurs abandonné, dont les occupants avaient pris peur, et qui flottait bravement.

– Tu comprends, explique Lionel, le Philippin ou le Coréen, il n'est pas moins bon marin que nous quand il est marin. Mais les gars qui acceptent ces embarquements pour 25 dollars, ils ne sont pas plus marins que mon boucher. C'est des gars qui se tapent cinq ans de mer, qui économisent un max, et qui ouvrent un bistrot dès qu'ils sont rentrés au pays.

Quand l'inspection des navires fautifs révèle trop d'anomalies, ils sont mis sous séquestre, bloqués à quai ou en rade jusqu'à ce que l'armateur règle caution et amende, et accepte de mettre en conformité le bateau et l'équipement de sécurité. Reste que maintes sociétés sont évanescentes : la compagnie est inconnue, ou dépose son bilan, ou refuse de payer, multipliant les contentieux. Et les équipages se retrouvent prisonniers d'un bateau à quai ou à l'ancre, sans paie, sans nourriture, sans information sur leur avenir proche. Ce sont les foyers du marin qui les ravitaillent, foyers associatifs de longue tradition. Et il n'est pas rare que tel ou tel salarié de la compagnie des Abeilles, après s'être porté au secours de ces malheureux confrères, s'applique à les réconforter, le soir, lorsqu'il est à terre.

Carlos est moins pessimiste que son équipage. Pour Lionel, Jean-Marc ou Charly, un bon bateau, ce qui s'appelle un bon bateau, un outil entretenu par des gens qui savent l'entretenir et qui ont patiemment reçu ce savoir de leurs prédécesseurs, un bateau pareil est, sinon une anomalie, du moins une survivance. La plupart des bâtiments qu'ils s'en vont assister sont l'incarnation de leur propre déclin. Un sauvetage réussi est toujours exaltant. Mais il y a, conjointe, la souffrance de voir s'estomper une culture maritime, de la voir partir en miettes, se démembrer comme craque une coque, avant d'aller au fond. Carlos, lui, distingue entre l'effondrement du système social qui protégeait les marins – on trouve de l'embauche, aujourd'hui, mais sous d'autres pavillons, en contrat libre – et l'idée que la flotte mondiale est tout entière vouée à la décadence. Il observe que les récidivistes, les compagnies négligentes, russes par exemple, sont fréquemment les mêmes, et qu'on aurait tort de mettre tout le monde au pilori.

Ce qui est sûr, c'est que les conditions d'embauche et d'emploi des marins suscitent du danger. Le dernier navire qu'a remorqué l'Abeille Flandre, au mois de septembre, était un porte-conteneurs en excellent état. Dans un coup de tabac soudain et violent, sa pontée (les conteneurs arrimés sur le pont) s'est défaite, provoquant une gîte si prononcée que le commandant, après un temps d'hésitation, a décidé d'évacuer. L'équipage a été hélitreuillé. Et c'est également par hélicoptère que les hommes de l'Abeille sont allés tourner la remorque. Mais, sous l'effet de la panique, les officiers avaient oublié de débrayer le pilote automatique : la barre, bloquée à 30 degrés, interdisait une traction saine, dans l'axe, et promettait une rupture de la remorque. Il a fallu renvoyer une équipe à bord, dans des conditions périlleuses, le vent ayant monté. A l'arrivée, on apprit que le cargo, relevant d'une compagnie germanique qui l'exploitait sous pavillon de complaisance, était pourvu d'un commandant et d'un second allemands, et d'un équipage entièrement philippin. Nul doute qu'un groupe professionnellement plus homogène aurait mieux analysé la situation, et vérifié les commandes avant d'abandonner.

Durant les jours qui suivent, à partir d'Ouessant, nous courons d'escorte en escorte. Dès qu'un navire est en panne sur le rail, il doit le signaler au CROSS, indiquer la nature de l'avarie et le temps estimé de la réparation. Une panne, c'est normal. Au milieu de l'Atlantique, c'est même fort bénin. On démonte, on travaille autant que nécessaire, et l'on repart. Mais, devant Ouessant, c'est une autre affaire. La voie la plus éloignée, celle qu'empruntent les grosses unités dont la cargaison est potentiellement menaçante, accorde une dizaine d'heures de dérive aux pétroliers victimes d'une malchance et guère plus de six à un méthanier, haut sur l'eau. Vingt minutes perdues, et c'est le naufrage. Plus grave, les commandants des bateaux stoppés minorent l'avarie et le délai correspondant, soit parce qu'ils évaluent mal le risque, soit parce qu'ils souhaitent contacter leur armement avant de déclencher quoi que ce soit.

Les quarts de veille, à la passerelle, tandis que les grains fouettent les vitres et que le remorqueur tire sur son coffre, ont cessé d'être monotones. Ça bouge un peu partout. Nous avons, fréquemment, deux ou trois navires stoppés en même temps. Carlos a l'oreille fine. Écoutant les conversations entre Ouessant Trafic et les cargos en avarie, les pronostics auxquels il se livre se révèlent souvent justes. Celui-ci remonte du golfe Persique, il n'a pas aperçu un rocher depuis une éternité, il ne sait plus ce qu'est une côte, la confiance qu'il arbore est suspecte. Celui-là est en panne pour la troisième fois. Il a commencé par annoncer un délai de vingt minutes, il est reparti au bout de trois quarts d'heure, il s'est arrêté de nouveau, a déclaré qu'il en avait pour une heure, est reparti deux heures plus tard, et ainsi de suite. Danger. Les officiers des cargos « en botte » ne racontent pas leur vie à la radio. Difficile d'imaginer s'ils trichent, s'ils tâtonnent, s'ils travaillent méthodiquement, s'ils bluffent. Ce qu'on imagine aisément, ce sont les navettes entre la passerelle et la machine du cargo, ce sont les mécanos en sueur, s'efforçant de rester précis malgré le roulis, auxquels on demande un bricolage, un bidouillage, n'importe quel subterfuge qui permette de se tirer de là, de filer 50 milles plus loin, et d'avoir un peu d'eau à courir. Ne leur dites pas, aux abonnés du rail, que l'île d'Ouessant est le royaume des oiseaux migrateurs, qu'il y pousse l'arménie maritime, la linaigrette et la scille printanière. Ne leur dites rien, ils ont l'oreille close, ce qu'ils espèrent d'Ouessant, c'est qu'elle disparaisse, qu'elle se délite, grignotée par la courbure terrestre, et qu'on en soit délivré.

Nous appareillons, revenons, appareillons, revenons, nuit et jour, au hasard des pannes. Si le COM a un doute, il nous sollicite, par précaution. Un roulier chypriote a déjà stoppé deux fois, il descend vers le sud mais ne progresse qu'à 8 ou 9 nœuds au lieu de 15. Nous l'accompagnons jusqu'à ce qu'il ait paré la chaussée de Sein. Et, dans le même temps, un pinardier marocain signale une défaillance de barre hydraulique, réparable, promet-il, beaucoup plus haut, vers l'île de Batz. Demi-tour sur quatre moteurs. En vue d'Ouessant, nous entendons le Marocain confirmer que sa barre fonctionne. Mais un vraquier, sur le rail montant, a un *black*…

Carlos désigne ce va-et-vient d'une formule : la prévention dans la prévention.

Et puis plus rien. Le bal s'arrête, parfois au milieu d'une mesure, alors même que le ciel reste chargé et le vent mauvais. Les navires glissent sur le rail sans à-coup, les pêcheurs rentrent pour la criée. L'ordre règne. Jean-Paul se prend à rêver de viandes saignantes. Et le CROSS déverse, à la VHF, sa ritournelle laborieuse : – quel est votre port d'origine ? – quel est votre port de destination ? – quel est votre tirant d'eau maximum ? – transportez-vous des cargaisons dangereuses ? – merci pour votre coopération et bonne route… Quotidiennement, 850 000 tonnes de pétrole doublent Ouessant. Du léger, du lourd, du milourd, des sables asphaltiques, des schistes bitumeux. Encore, sous le choc des marées noires, ne parle-t-on que des hydrocarbures, oubliant que les grandes compagnies, échaudées par le coût des catastrophes, ont progressé en vertu. Imagine-t-on, en revanche, combien de substances chimiques, autrement corrosives et destructrices que le pétrole, circulent dans des cuves plus ou moins anonymes ? Combien de cargos turcs, maltais, ukrainiens, tel celui que nous avons rattrapé l'autre soir, promènent dans leurs flancs, à leur insu peut-être, une effrayante alchimie ? Un porte-conteneurs s'est brisé en deux au large du cap Finisterre : nous apprenons, un peu tard, que du césium était à bord – un métal alcalin mou, de couleur jaune pâle, le métal dont le rayon atomique est le plus élevé et la dureté la plus faible.

Tandis que nous croisons d'une panne à l'autre, j'observe Éric, le second capitaine. Quelquefois, à l'approche d'un bâtiment, il sort son appareil photographique, ouvre la porte de la passerelle, et, du balcon, mitraille le cargo. Je le questionne. Il répond, sur le ton de l'évidence :

– Je suis *ship lover.*

Et il explique, constatant mon ignorance. Les *ship lovers* sont des marins professionnels qui échangent, de par le monde, les photos de beaux bateaux rencontrés en mer. Ils ont leur bulletin, ils correspondent. Éric m'apprend à regarder. Ces écubiers, là-bas, sont fabriqués en série par des Coréens, les chantiers les intègrent à la proue comme des pièces rapportées, plaqués sur une coque et non conçus pour elle. Mais cet autre navire n'a pas été assemblé en kit : chacun de ses éléments est fonction du plan original et procure à l'ensemble sa ligne, sa gueule. Je songe, tout en l'écoutant, combien l'éducation que j'ai reçue négligeait l'esthétique industrielle, refusant d'accoler les deux termes, de la même manière qu'on sépare les ports de loisir, les *marinas,* et les ports de *commerce,* avec un soupçon de mépris, s'il s'agit de beauté, envers cette dernière appellation qui fleure l'utilitaire et la compromission marchande – hypocrisie française. Je songe aussi que la mer, plus qu'aucun autre élément, est le territoire de l'ambivalence, brassant l'ordure et la splendeur.

Éric a la trentaine. C'est un produit des écoles, solide, posé. Il est le seul, de cette cuvée, qui trouve grâce aux yeux des « piliers ». Parce que, dit-on à l'équipage, « lui, c'est un marin ». Le compliment n'est pas mince et possède son revers : la plupart des jeunes officiers recrutés sur diplômes, et qui se retrouvent lieutenants – ou plus – sans avoir réellement bourlingué, ne suscitent que défiance parmi les aînés. On les considère comme des navigateurs en chambre, des capitaines de bureau, promus au piston et à l'agilité mathématique. La génération d'Éric n'a pourtant pas la vie facile. L'embauche est étroite et incertaine. Et la mode est à la « polyvalence » : on doit être capable, indifféremment, de fonctionner à la machine et à la passerelle. Éric préfère la passerelle (« Ils veulent tous devenir commandants... », ironise le chœur des anciens), mais, selon les embarquements, je le retrouve tantôt là-haut, tantôt second mécanicien en combinaison orange.

Pour un collectionneur, le rail d'Ouessant est sans doute une manne. Éric ne se plaint pas, il sait attendre. Dans ce métier, ça vaut mieux.

*
* *

Les nuages se sont déchiquetés, la pluie cesse, une lumière crue, une lumière qui prédit l'hiver, franche et oblique à la fois, s'est emparée du pont luisant. Nous émergeons de nos brumes et de nos tourmentes. La brise ne dépasse guère force 5, et le COM nous a autorisés à rentrer. Pas jusqu'à Brest – une dépression, assez modeste, semble-t-il, risque de passer cette nuit –, mais à l'entrée de la rade. Camaret serait trop au vent : c'est en face, sous le fort de Bertheaume, que nous mouillons. L'endroit est superbe, en bordure de plage, les roches du Tas de pois donnent au bout de la presqu'île des airs de baie d'Along. Mais, hormis Jean-Marc qui est ici chez lui, l'équipage grogne un brin. On aurait volontiers bu un coup (à Ouessant, c'est quasiment impensable, il faut mettre le Zodiac à l'eau et le bourg de Lampaul est distant de 4 kilomètres). Et, à Bertheaume, par je ne sais quel caprice hertzien, les émissions télévisées nous parviennent mal, brouillées ou zigzagantes. Ajoutons que la chaîne rague, et que la pioche menace de déraper. Demi-halte, demi-mesure. Vraie sieste, quand même.

En fin d'après-midi, Carlos m'invite à marcher un peu. Nous parcourons le bateau de long en large. Le soleil déclinant agrippe la crête blanche des vagues vertes qui se creusent. Les risées sont fraîches, cela commence à siffler dans les superstructures. L'Abeille se tortille sur place. C'est un temps que nous aimons, lumineux, vigoureux. Mon ami réfléchit sans en avoir l'air, l'œil un brin plissé. « Tu fais un audit sauvage, c'est intéressant… » Sauf en cas d'urgence, où les choses ne traînent guère, Carlos préfère laisser venir, laisser l'interlocuteur penser tout haut. Il sourit, et son sourire n'est pas faux, mais cette promenade à la brune trahit une perplexité. Il se demande où conduit ma passion fouineuse. Je ne cesse de bavarder avec l'un, avec l'autre, je recueille en vrac les petites et les grandes histoires, les rivalités, les humeurs, les rancunes, les affections, les doléances. Les marins sont très étonnés qu'on vienne les rejoindre. Et ils devinent que je ne m'ennuie jamais à les entendre, que j'absorbe tous ces mots, et que je me les garde. Je rassure Carlos, du moins j'essaie. Je lui dis qu'il faut sacrifier à l'anecdote pour mieux s'en défaire, que la digression est mon chemin préféré, que je me contente de passer, et que cette légèreté n'a pour moi rien d'insoutenable, au contraire. Question de confiance. Qui croit à la réalité du vent me croira.

Un méchant grain nous tombe dessus, hargneux. La réalité du vent nous rattrape. Plus encore que son souffle, c'est son cri qui, méchamment, nous enveloppe, un cri de gorge, avec, derrière, le poumon encore plein, prêt à donner. Cette petite dépression, dont nous ne devions effleurer que la bordure, aurait-elle du coffre ? Nous consultons le Navtex. Les Anglais prophétisent force 8, les Français force 6. Rien d'alarmant. Mais je regarde la baie d'Along, encore discernable au couchant, je regarde la rade de Brest qui se parsème d'écume, et je pense que, sur mon voilier, je m'apprêterais pour une nuit dure. C'est la transparence de l'air qui m'étonne, cette limpidité extrême succédant au grain. Carlos repose ses jumelles :

– Je crois bien qu'on va coucher dehors.

L'apéritif est joyeux. Par le hublot, au-dessus de la télévision, nous apercevons la drisse qui claque, et des grosses gouttes transversales qui accrochent le projecteur d'avant. Nous sommes en extase devant la créature divine à laquelle Canal Plus (légèrement flou) confie la présentation du bulletin météorologique.

– Nécessité professionnelle, observe Carlos, impavide, en zappant à l'heure opportune.

Éric, par conviction, Dominique, pour affiner sa silhouette, sont à l'eau claire. Nous autres honorons le pur malt.

– C'est marrant, dit Guitou, abeille, ça commence par un A alors que, normalement, ça commence par un N.

Étonnement dans le salon.

– Mais oui, persévère Guitou. Abeille, ça commence par un A alors que, normalement, ça commence par un N.

– Je ne comprends pas, dis-je.

– Normal, tu es ici pour apprendre. Écoute : Hamon, ça commence par un H alors que, normalement, ça commence par un N.

– Je ne comprends toujours pas.

– Le doute t'habite, mon frère, comme nous autres. Écoute encore : Ouessant, ça commence par un O alors que, normalement, ça commence par un N.

Guitou n'a pas le triomphe modeste. Son œil pétille, jubilant sous la paupière sournoisement abaissée. Il respire la jouissance et l'indulgence. Joignant les mains comme le dévot qu'il n'est pas, il reprend, avec la patience ostentatoire de qui a voué son existence aux débiles profonds :

– Carlos, ça commence par un C...

Carlos l'interrompt. La chaîne vient de claquer plus violemment. La pluie s'est arrêtée mais, faisant silence, nous entendons le vent – un ronflement lointain et insistant.

– Je monte, dit Carlos.

Je le suis. La nuit est sombre, le remorqueur tressaille, piqué par des rafales courtes, il se balance d'avant en arrière comme les enfants contrariés. L'anémomètre atteint 40 nœuds, et plus dans les risées. Carlos appelle le sémaphore du Créac'h, à Ouessant.

– Vous avez combien, là-haut ?

– Ça y va. Attends, je jette un œil… On a 54 nœuds, pour le moment.

– Je te remercie. J'appareille.

C'est la première fois que je l'entends annoncer sa décision sans autre consultation. Bien sûr, il va prévenir le COM. Et, bien sûr, s'il n'avait pris les devants, les hommes du COM lui auraient proposé de sortir. 54 nœuds, c'est le seuil de la force 11. Le grand vent est sur Ouessant, pas encore sur nous, et il est probable que, dans la nuit, nous n'en resterons pas là. Il faut remonter vers l'île, tout de suite. La petite dépression s'est creusée, elle ne durera pas longtemps, mais elle va nous foncer dessus, en plein dessus.

C'est tout un cérémonial, le départ dans la tempête majeure. Lionel, armé de sa torche, vérifie et condamne chaque ouverture – s'il n'est pas soigneux, en une fraction de seconde, des tonnes d'eau peuvent emplir les coursives. De l'intérieur, les portes sont assurées une par une, angle par angle : nous habitons, maintenant, un coffre-fort. Aux carrés, dans les salons, les fauteuils sont attachés entre eux, autour des tables, grâce à des cordages sérieux. Chacun descend vite à sa cabine. S'il n'a pas le temps de ranger ce qui traîne, il le dépose par terre, ça bougera sans se fracasser. La violence de ce qui nous attend, peut-être, n'est pas imaginable, n'est pas mesurable à la manière dont l'anémomètre mesure la vitesse du vent. Lors de sa dernière sortie mouvementée, l'Abeille a rencontré une mer si dure que les batayoles (les épaisses rambardes du balcon, sous la passerelle) ont été tordues, le collecteur d'incendie (un tuyau métallique gros comme le poing) arraché. Dedans, ce n'était guère plus tranquille : un plafond s'est écroulé, le tableau du salon (vissé à la paroi) s'est envolé. Petites misères.

Carlos, pendant l'appareillage, se soucie peu des lames. Le remorqueur en a fauché d'autres. Ce qui le tracasse, c'est la marée. Elle est basse et, dans le chenal du Four, devant la pointe Saint-Mathieu, nous risquons de toucher. Les 7 mètres de tirant d'eau ajoutés à l'amplitude des vagues pourraient nous amener, en deux ou trois passages, à pilonner le fond, à défoncer le sable et la roche du Finistère. L'étrave de l'Abeille est prolongée, sous la flottaison, par un bulbe massif. Ce marteau-là, s'il cogne, défonce d'abord celui qui l'empoigne.

Guitou décroche son téléphone à manivelle :

– OK pour la génératrice.

Le bateau prend son cap, le pilote automatique couine lorsque Carlos lui ordonne de pivoter, laissant sur tribord la basse Beuzec et la bouée Charles-Martel. Guitou, égal à lui-même :

– N'empêche ! Martel, ça commence par un M alors que, normalement…

Sa plaisanterie se perd, tandis qu'il descend. Le flot nous cueille par le travers lorsque nous apercevons, sous la pointe, les éclats rouges des Vieux Moines. Nous commençons à rouler, mais ce n'est pas cela qui est fort, qui nous remue. Une sorte de chœur s'élève, un vibrato polyphonique, ininterrompu. Je connais beaucoup des bruits de la mer. Couché à l'avant d'un voilier, on l'entend siffler autour de soi, tout contre l'oreille, elle vous enveloppe et vous submerge, à la fois étouffante et tiède. Quand elle clapote sèchement, la coque endure le supplice du battoir, méchamment. Si la risée monte, c'est d'abord un frémissement d'ailes, puis un claquement impérieux. Et dans la houle formée, dans le désordre des vagues qui s'effondrent sur elles-mêmes, c'est une cascade d'explosions dominée par une clameur.

Je connais beaucoup des bruits de la mer, mais ce qui monte, cette nuit, n'a jamais éveillé mes tympans. Ni frémissement, ni explosion, ni clameur. Rien qui paraisse venir du dehors, dont la folie est cependant belliqueuse. L'écume vole, les paquets de mer se lancent à l'assaut du château. Mais ce n'est pas cela qui nous enveloppe. Il semblerait que le bateau émet de lui-même sa musique, qu'il fabrique par ses propres moyens la colonne d'air qui maintenant tremble. C'est un son ardent, c'est la résultante harmonieuse de dissonances hostiles. L'Abeille a trouvé sa voix, elle est assez vigoureuse pour imposer à la violence alentour, non pas un cri de fureur ou d'effroi, mais une réponse modulée.

– La passerelle chante, dit Carlos.

Le vent est si frénétique, à présent, qu'il n'est plus de nuance, d'apaisement ni de *crescendo* possibles. Le chant est à son paroxysme, rigoureusement étale. La mer peut encore grossir, après le tournant de Lochrist et le phare de la Vinotière. Mais les rafales, même si elles gagnent en intensité, ne gagneront point en folie. Le plus étrange ou le plus troublant est qu'on s'installe dans cette sauvagerie, qu'on finit par s'y nicher, par y prendre ses quartiers, non pas indifférent à la divagation des choses, mais blotti et souverain – conjointement. Nous sommes au chaud dans notre cage de verre qui oscille, plonge, se relève, bascule à nouveau, se relève encore, défaille, se relève toujours. Jean-Marc nous a rejoints. Sur le côté bâbord de la passerelle, un tabouret haut, comme on en trouve dans les bars, est arrimé par un cordage. C'est là qu'il se hisse, les pieds en extension, calés contre le pupitre, la main cramponnée à la rambarde. Et, comme nous, il fixe la vitre et ne voit rien. Des lambeaux blanchâtres. Des bulles phosphorescentes laissées sur le carreau par une gifle liquide. L'ombre polymorphe de la masse noire dont nous n'apercevons qu'au tout dernier moment le tentacule cinglant.

Pas de doute, c'est la nuit que la tempête est magistrale. Parce qu'on n'a ni le temps ni le pouvoir de calculer son élan – la déferlante est là, on ne l'a pas devinée. Parce qu'on danse un bandeau sur les yeux, parce que l'ouïe reste en dernière instance le témoin du monde et de ses ténèbres. A une exception près, peut-être : par moments, la nuit, on voit le vent. Quand tout n'est plus qu'un chaos brouillé, quand l'obscur chevauche l'obscur, une fumée de sel se déchire en tournoyant : c'est le vent qui se montre.

Carlos stoppe le défilement du sondeur, la courbe du fond de la mer. Nous quittons le chenal du Four, nous prenons celui de la Helle, vers le phare du Faix. Nous ne les discernons pas, mais nous savons que, sur notre gauche, nous avons Béniguet, Morgol, Quéménes, Triélen, et même la minuscule « île aux Chrétiens » qui lui est associée, sous Molène. Et le flot, là-dedans, se divise, taraude, fouille, arrache des fragments de quartz, s'échappe vers la Manche en polissant sa cueillette. Nous savons que tout en haut, près de la Luronne, le courant du Fromveur nous attend et ne cessera de nous coucher jusqu'à ce que nous ayons débordé Balanec et Bannec, les dernières montagnes sous-marines avant Ouessant, l'archipel de la résistance. Et c'est là, au plus vif du grand torrent, que nous distinguons des feux. Nous sommes loin du rail, dans la zone côtière interdite aux bâtiments de commerce, sauf autorisation expresse. Un pêcheur ? Il s'annoncerait à la radio. Non, c'est un plaisancier, un gros voilier mixte, marchant au moteur. Il roule énormément, bord sur bord. Mais il n'a besoin de rien, il rentre sur Brest, bonne nuit, lui seul sait qu'il existe, le vent l'a dissous.

Au petit matin, la tornade s'est dissipée. Force 7, pas plus. Le phare de Kéréon est cerné d'une eau violette, presque mauve contre le ciel argentin, et d'une écume fraîche, très blanche, dont le bouillonnement a le même timbre, mi-craquement mi-chuintement, que le bruit de la neige vierge. Un cargo est stoppé au milieu du rail montant, nous attendons.

Soudain, sur le canal 16, un chalutier fileyeur de l'Aber Wrac'h, le Narvik, signale qu'il prend l'eau dans le passage de la Malouine, et qu'il met son radeau de survie à la mer. La voix du patron est posée, ferme. Le canot SNSM – les bénévoles du sauvetage en mer – appareille aussitôt. Je connais bien la Malouine, c'est un raccourci très étroit, au ras des cailloux, qui permet de quitter l'Aber vers le nord, évitant un long détour. La passe est clairement balisée, un amer blanc par la tour du Petit Pot de beurre, mais le ressac est vite dangereux.

Nous ne pouvons rien, sinon penser à eux. L'Abeille, c'est pour le large. La SNSM, c'est pour le rivage. Carlos est lié d'amitié avec Jean Troadec, qui a pris le commandement de la vedette après qu'un équipage se fut perdu corps et biens, en cours d'opération, l'été 1986. Mais la radio, ce matin, on aimerait qu'elle se taise. Elle dit que la survie est en lambeaux, que deux corps flottent près de l'épave du chalutier, qu'un troisième homme est en hypothermie, et que le quatrième a disparu. Hélicoptère, médecin. Trop tard. Les pêcheurs du Narvik, autant que nous puissions juger, n'ont pas commis d'erreur. Ils avaient du matériel à récupérer, chaque roche du coin leur était familière, et le vent avait molli. Mais leur diesel a eu un raté, une petite avarie de rien, sauf qu'une avarie, dans la Malouine, te transforme en allumettes un beau bateau, l'espace de trois minutes, pour peu que ça déferle après un coup de chien. 200 mètres avant, 200 mètres après, ils étaient bons, il avaient le loisir de manœuvrer.

Guitou, ignorant du drame, émerge des profondeurs de l'Abeille.

– Alors ? T'as eu le temps de gamberger ? Normalement, ça commence par un N, mais tempête ça commence par un T… T'as compris ? T'as compris ?

Il s'étonne de nous découvrir si graves.

– C'est pas parce qu'on est dimanche qu'il faut prendre l'air d'être à la messe…

La VHF émet à nouveau. La voix de Jean Troadec, blanche, lui coupe le sifflet.

Le soleil perce. La côte d'Ouessant, dessinée par le ressac, est cristalline. Certains jours, on préférerait retourner vers la nuit.

3

Rosa M

Pendant ce temps-là, mes collègues et amis polémiquaient au sujet de Pierre Bourdieu, l'imprécateur à succès, ou de romancières branchées qui s'accusaient mutuellement de plagiat...

J'ai du mal à retrouver Paris. Non que je partage l'hypothèse imbécile, et démagogue, selon laquelle la futilité est au centre, et la gravité à la périphérie. Je ne pense pas que la « vraie vie » est à Ouessant, je crois, simplement, qu'elle est partout. Quand je rentre, d'un saut d'avion, je ne suis pas ailleurs, je suis autre. Quelques-uns de mes compagnons, sur l'Abeille, envient ma liberté, le pouvoir qui m'est accordé de quitter le bord, de monter dans un Airbus, de rentrer chez moi et de faire l'amour. Peut-être seraient-ils étonnés d'apprendre que je les envie, moi aussi. Je les envie de vivre une vie cohérente, où le temps ne se morcelle pas, ne se découpe pas en lamelles juxtaposées. Ils confessent que la transition est rude entre l'embarquement et le débarquement, qu'à terre même, en fin de repos, on a parfois hâte de repartir. Moi, je connais cela en accéléré, courant de tempête en tempête, fatigué de courir mais secrètement heureux que l'incertitude soit devenue ma loi.

La femme dont je partage l'existence est une voyageuse enthousiaste (son père, psychanalyse hâtive, fut marin en Afrique, chasseur de typhons en Asie, ou passionné par la fragmentation des icebergs). Nous avons, l'un et l'autre, le goût et l'habitude des départs autonomes. Et des retrouvailles. Mais, cette fois-ci, j'ai l'impression de rentrer comme un voleur.

– Tu repars quand ? demande-t-elle dès que je mets les pieds à la maison.

– Je ne sais pas.

C'est la mauvaise réponse, mais c'est la vérité. Et la femme dont je partage l'existence en souhaiterait une autre. Est-ce que je trahis une impatience coupable ? Sûrement. Ma femme est jalouse de l'Abeille, non pas du bateau, ni du travail que j'ai entrepris là-bas, mais du plaisir que je ne puis cacher, de l'appétit avec lequel, matin et soir, je consulte les cartes et lorgne les dépressions. Elle s'est liée à Nadine, l'épouse de Carlos, et toutes deux se téléphonent, complotent contre nous et notre foutu remorqueur, et rient, aussi, de nos enfantillages. Elles se racontent des plaisanteries de femmes de marin :

– Et ça n'est pas trop dur d'avoir votre homme pour un mois, après tant d'absence ?

– Mais non, voyons, un mois, c'est vite passé…

Pour un mois, en effet, le mois de décembre, Carlos est à terre, remplacé par son homologue, Nicolas Seiler. Au jour dit, il brique la cabine, vérifie que les papiers sont à jour, que le « menteur » (le journal de bord) cst explicite et complet. Il a horreur de ça, non pas de faire le ménage, mais du souci de bien le faire, de rendre les clés en bon locataire. L'époque est révolue où certains commandants, furieux de partager leur territoire avec un collègue, amorçaient des travaux de peinture en sachant pertinemment que ledit collègue n'en supportait pas la couleur. Carlos et Nicolas sont les plus dissemblables des êtres (le premier est conteur, joueur de banjo, et tient table ouverte, le second se tait, demeure sur la réserve, et rêve de montagnes en escaladant la mer), mais, dans leurs rapports professionnels, la simplicité prévaut.

Nous avons décidé, mon mentor et moi, d'utiliser un peu de ces loisirs pour mieux parcourir le pays dont nous ne percevons, depuis l'Abeille, que le rivage. Ouessant m'est assez familière – si tant est qu'une île le soit quand on n'est pas né dessus, car la qualité d'îlien ne s'acquiert pas – mais je la vois, désormais, autrement. Je la vois en majesté. Je la vois l'hiver. Quelle que soit ma nostalgie des « grandes vacances », cette plage infinie qui s'offrait à nos pieds nus d'enfants, j'ai compris, maintenant, que l'hiver est, en Bretagne, la véritable « belle saison ». Celle où le ciel se charge, où le gris n'est pas terne, où le bleu n'est jamais fade. A Ouessant, en moyenne, le nombre de jours où le vent est qualifié de « violent » par les sémaphoristes atteint ou dépasse le chiffre 20 de novembre à février. Le double de ce qu'enregistre le continent, à une heure de là. La baie de Lampaul, que rien ne protège des rafales océanes, se couvre parfois d'une écume compacte façonnée par le flot brassé, et des blocs entiers de cette mer solide s'envolent jusqu'aux toits, jusqu'aux jardins. Qui n'a pas été le témoin de ce phénomène ignore ce qu'on baptise « les éléments ».

Ajouterai-je qu'à Ouessant on n'est pas triste. Le cliché d'une vie insulaire taciturne et chagrine ne tient guère plus que la celtitude de Bécassine. Avant de débarquer de l'Abeille, nous avons eu droit, la tempête faiblissant provisoirement, à un après-midi d'escapade. Le commandant, le bosco et le chef sont restés à bord. Et nous autres, les irresponsables, sommes partis, engoncés dans nos combinaisons et munis de radios portables – en cas d'alerte –, à l'aventure. Au Stiff nous attendait Gaétan, qui fut lieutenant sur l'Abeille, un garçon de la Rance devenu Ouessantin, apprivoisé et populaire car il a la finesse de ne pas jouer à l'indigène. Gaétan est un guide éloquent et subtil. Il nous entraîna, pour commencer, jusqu'au phare de Créac'h (celui-là, phare d'atterrage, rayé de noir et blanc, pas un marin ne méconnaît ses deux éclats toutes les dix secondes : à 32 milles de la côte, on a encore l'espoir de les attraper). Mais ce n'était pas pour saluer la tour altière que notre compagnon, souriant d'une oreille à l'autre (oreilles qu'il tenait abritées sous un béret géant), nous entraînait. C'était pour nous montrer le cirque et la troupe. Car, à toucher Créac'h, on tournait un film, *Voleur de vie*, et les îliens étaient là en rangs serrés, épatés par la fausse chapelle bâtie sur tubulure (épatés, surtout, qu'elle ait résisté à la tempête), surpris de découvrir leur lande rase enrichie d'arbustes tourmentés, et même, un peu plus loin, d'un cimetière islandais plus vrai qu'à Isafjördur. Et l'on papotait, et l'on photographiait, et l'on jugeait fort polis ces jeunes gens si affairés qui réglaient le ballet.

– Ceux-là, notait une dame aux joues roses et fortes, ils n'ont pas l'air de vouloir nous lancer des cacahuètes !

Et l'assistance de rigoler très haut. On n'était pas fâché, dans le fond, que Sandrine Bonnaire et André Dussolier eussent traversé les mers pour se mêler aux moutons locaux. Mais un détail plus modeste fascinait le public. Sous nos yeux, un homme s'adonnait à un étrange exercice. Vêtu d'une salopette, muni d'un compresseur et d'un flexible, il pulvérisait sur la lande un liquide inconnu. De nous, du moins, les « gars de l'Abeille ». Les gens du cru, eux, connaissaient l'affaire : ce technicien de surface, chaque jour, repeignait l'herbe, afin qu'elle fût aussi verte que la veille, et que la script-girl ne fût pas consternée par les dégâts des eaux pluviales. Pour comble, cette lande quotidiennement reverdie était une lande d'importation, une lande provisoire épandue sur la vraie, la production s'étant engagée à ce que la préservation écologique du site fût méticuleuse.

Contemplant la scène, je pensais que les Ouessantins riaient pour ne pas pleurer, pour ne pas penser que leur terre, autrefois rurale, divisée en 50 000 parcelles, cultivée par les femmes tandis que les hommes, au large, servaient comme « gabiers noirs », cette terre, à présent, devenait un décor, et qu'on les invitait à y prendre place en qualité de figurants. Mais j'ai gardé pour moi cette réflexion maussade.

Toujours dans les pas de Gaétan, nous avons ensuite rendu visite à Jean-Pierre, gardien de phare, naguère à Kéréon, aujourd'hui à Créac'h – le métier change, s'évanouit : les lanternes, désormais, sont radiocommandées, et les derniers gardiens assurent la maintenance des systèmes automatiques. Jean-Pierre nous a reçus sous sa véranda orientée au noroît et dotée de jumelles sur trépied, braquées vers le large. Elle était certifiée inamovible, la véranda, mais son propriétaire a néanmoins dû l'étayer : le souffle d'ici n'a cure des certificats. Jean-Pierre nous a raconté son métier, l'époque où les gardiens fonctionnaient par couple et où les couples mal assortis étaient encore plus désastreux, dans une tour fichée sur la mer, que dans nos cités assassines. Parfois, les deux hommes étaient si fâchés qu'ils ne se parlaient plus, ni bonjour ni bonsoir, partageaient le réfrigérateur en deux zones égales, et cuisinaient chacun pour soi tandis qu'au dehors le flot battait la maison.

Il ne fait pas le fiérot, notre hôte. Il avoue ses peurs. Il a cru mourir, un jour de relève où il s'est retrouvé la poitrine coincée entre l'étrave du bateau des « pharbal » et l'échelle de descente : toute la furie du courant, par vedette interposée, lui pesait sur le sternum, et, sans la dextérité du pilote, il s'apprêtait à finir comme les insectes de laboratoire, écrasés ou piqués sur un liège. Mais sa pire frayeur est vieille d'une décennie. Il habitait encore Kéréon, un phare « de luxe », mosaïque, marqueterie et lambris, quoique trop vite construit car les donateurs, au début du siècle, étaient pressés de voir leur générosité s'élever vers le ciel. Un soir, donc, un soir de chien – mais, dans le Fromveur, les chiens aboient souvent –, son compère et lui étaient paisiblement installés dans la chambre de veille, et regardaient la télévision. Les murs tremblaient, rien de plus normal, rien de comparable aux coups de boutoir encaissés par la Jument, le feu du suroît, tellement livré aux vagues qu'en 1911 sa cuve de mercure où flottait la lanterne se vida, ébranlée par une lame. Les murs tremblaient et, sur l'écran, un Icare en deltaplane voltigeait entre les flancs d'une montagne. Jean-Pierre s'est tourné vers son voisin :

– Il y a quand même des types qui cherchent le pépin…

Il n'a pas complètement fini sa phrase. Une vague a fracassé la fenêtre (ils se trouvaient à mi-hauteur de l'édifice), traversé la pièce, emporté table, meubles, télévision, défoncé la fenêtre opposée, et ruisselé, pour une part dehors, pour une part dedans. Ce n'était que la première. Les deux gardiens ont constaté que le phare s'emplissait d'eau, et que les antennes avaient été arrachées par le vent. Il leur a fallu deux jours, réfugiés dans les hauts, pour bricoler une antenne de fortune et joindre quelqu'un du service. Ils sont tombés sur un sous-ingénieur fort traumatisé par l'écroulement, près de ses bureaux, d'un mur propriété de l'État, et qui ne savait trop quand des secours seraient disponibles. Ils lui ont répondu, au sous-ingénieur, que son bout de mur, ils s'en foutaient royalement, et que leur mur, à eux, propriété de l'État lui aussi, requérait des maçons, et que ça saute.

Jean-Pierre n'aura plus peur. Il a regagné la terre ferme. Redescendant vers le port, nous sommes allés saluer le capitaine de l'Enez Eussa, présentement à quai, l'un des deux traversiers qui assurent, l'hiver, la continuité territoriale (*Bemdez ez eomp d'an enez*, chaque jour nous allons aux îles : telle est la devise de la compagnie). Lui aussi, a servi sur l'Abeille, en qualité de second. Petit à petit, rencontre après rencontre, je découvre combien le maillage est serré. Non pas l'étroitesse villageoise, fruit du hasard, de la naissance, où l'on s'épie derrière les volets (chez les insulaires, j'imagine volontiers que le système fonctionne à plein). Non, entre ces marins, c'est autre chose : le secteur qu'ils fréquentent, la nature avec laquelle ils composent sortent si vigoureusement de l'ordinaire qu'il se crée entre eux, malgré les humeurs et les caractères, une culture commune, une solidarité de frères de la côte. Même quand ils ne s'aiment pas (et, souvent, ils s'aiment bien), ils partagent une estime mutuelle, une espèce d'admiration réciproque, jamais déclarée, niée si besoin est, mais solide. Ils connaissent les mêmes trous, les mêmes gouffres, ils calculent avec la même exactitude l'heure de la renverse, ils ont peur des mêmes rencontres, des mêmes brisants. Ils forment une aristocratie sans manière, ce qui est le summum de l'aristocratie.

*
* *

Voilà ce que j'ai voulu vérifier, et qui me ramène vers l'île accompagné de Carlos – le « Marocain » est, en ces lieux, plus qu'un truchement : un sésame. Les tempêtes de novembre se sont enfuies. Décembre commence dans les teintes pastel. Nous bavardons tranquillement à la passerelle de l'Enez. La mer est lisse, renvoyant au ciel du rose, du bleu volatil. C'est un matin frais et délicat. Le bateau glisse, au sortir du Conquet, et nous qui connaissons la brutalité de ces eaux avons d'autant plus le sentiment de partir en voyage, de nous échapper. D'être en vacances.

Je suis encombré de sacs. Depuis trois semaines, avant mon débarquement et mon escale parisienne, j'ai décidé d'utiliser un nouvel instrument : une petite caméra numérique (plus quelques torches, un pied, des micros). Dans le gros temps, sur l'Abeille, la pieuse résolution de tenir un journal est promesse de terrien. Quand ça bouge, on n'écrit plus. Et quand on pourrait écrire, on dort. J'ai donc cherché un stylo tous temps (sauf que la caméra, de nuit, reste vierge : ne subsistent plus que les sens, les souvenirs et les mots). Je suis très conscient de m'aventurer hors de mes compétences et de mes habitudes. J'ai fréquemment travaillé avec des cadreurs, des preneurs de son, et j'ai apprécié cette alliance artisanale des savoirs. Mais il n'est pas question, cette fois, de mobiliser des professionnels. La dernière expérience, sur le remorqueur, fut héroïque : les techniciens, hors d'usage, se tordaient de malaise, et c'est le second mécanicien qui a tourné. Sous l'œil sympathisant mais perplexe de Carlos, j'ai donc commencé à filmer. Cela n'a guère perturbé l'équipage de l'Abeille, hormis Guitou qui me demande régulièrement pourquoi je vise, spécialement, son nez – à quoi je réponds que ce dernier est, fort heureusement, inclus dans sa physionomie générale.

Nous sommes attendus, à Ouessant, par

Michel Berthelé. Il fut, avant l'automatisation, l'ultime gardien du phare du Stiff. Thérèse, son épouse, et lui ont passé leur vie et ont élevé leurs enfants dans la bâtisse blanche, constamment humide et livrée aux courants d'air, adossée au phare, qui plonge de la falaise nord sur les cisailles rocheuses. Michel est retraité. Son rite quotidien est de parcourir les grèves à la recherche d'un peu de bois flotté, pour la cheminée. Si la promenade est fructueuse, il ne ramène pas tout à la maison, il pose trois cailloux sur le don de la mer et reviendra plus tard : nul, parmi les îliens, ne se permettrait de détourner pareille acquisition.

Parmi les plates-bandes de Michel, quelques objets inattendus. Des petits canards jaunes, en plastique. Seraient-ils les substituts locaux des nains de jardin ? En quelque sorte. Voilà quelques années, un conteneur s'est échoué sur les récifs, un coffre-fort géant que ses inventeurs imaginèrent aussitôt lesté d'un trésor – 10 000 bouteilles de whisky, sait-on jamais ? Hélas non, la mer est cruelle. Il n'y avait là que 10 000 canards en plastique, plutôt mignons, dont les Ouessantins facétieux décorent leurs plantations (s'amusant par avance du trouble qu'une telle coutume jette, à coup sûr, chez le touriste ethnologue).

Non loin des canards, un projecteur, pas une loupiote achetée chez Conforama ni un quinquet de pub cornouaillais : un projecteur en alu brossé, digne de Johnny quand il « met le feu », capable, vu le gabarit, d'illuminer un stade. Je n'ose m'accroupir pour l'examiner de plus près, mais j'imagine – je n'en ai pas non plus la preuve – qu'un tel examen révélerait peut-être, gravé dans le métal, l'inscription « Olympic Bravery ». C'était le 24 janvier 1976. Michel était de quart dans son phare du Stiff. Et il a de ses yeux vu débouler sur lui un monstre, un pétrolier de 250 000 tonnes, qui s'est éventré sur les roches de Corn Héré, devant la petite cale de Yusin. Le supertanker, en avarie, n'avait rien d'une carcasse flottante : c'était un magnifique bâtiment, fraîchement sorti du chantier, lège (c'est-à-dire à sec de cargaison), mais son propre carburant était assez abondant pour salir la côte.

Pendant trois mois, l'Olympic Bravery est resté là, planté sur son caillou, désert (l'équipage avait été hélitreuillé et l'on avait renoncé à tenter un renflouement). Par la brèche de la coque, dangereuse à franchir, coupante, soumise au flot et aux courants, Michel et Thérèse se sont aventurés à visiter le navire, au risque de déchirer leur petit canot gonflable. Un film, tourné par eux avec une caméra de 8 mm, une caméra pour mariages et communions, les montre se promenant sur le pont, accompagnés de leurs enfants, minuscules au pied du château vide et superbe. Officiellement, les îliens sont demeurés à l'écart de l'épave. Peu ont reconnu l'avoir visitée. Les Ouessantins en ont par-dessus la tête des histoires de pillages et de naufrageurs. La vérité est plus simple : traditionnellement, ils ont, souvent au péril de leur vie, secouru les hommes qu'ils pouvaient secourir, inhumé ceux pour qui rien n'était plus possible. Quant aux présents des vagues, c'était la rançon du reste.

Trois mois après la catastrophe, un soir, le vent a monté. Michel, de chez lui, a entendu des craquements terribles, un vacarme de tôles étirées, des gémissements affreux. Les mots sont chargés d'emphase, quand on les transcrit, les adjectifs sont convenus. Mais Michel, bon compagnon, aimant rire, ayant prudemment doté le chemin qui mène à sa porte de catadioptres en prévision des nuits arrosées, Michel, en fin de repas somptueux – Thérèse a du talent –, à l'heure où la conversation est la plus détendue, se reprend soudain, avec un tremblement dans la gorge. Ce n'est pas de la peur qu'il exprime, c'est le sens des proportions. Toute la nuit, le gardien du Stiff a entendu le pétrolier se convulser. Au matin, il avait cédé, il s'était brisé, la poupe basculait. Pensez, dit Thérèse en épitaphe, à toutes ces belles télévisions neuves, dans les cabines englouties…

Repus et comblés, Carlos et moi sortons nous promener vers la pointe de Bac'haol où une maison solitaire est juchée sur la falaise, à pic. Nous longeons l'abîme vers l'île Cadoran. Le soleil est très bas, les mottes sont dorées, des nuages ourlés circulent entre les phares. L'air est délicieux, plus piquant que froid. La mer, en bas, siffle, zébrée de cormorans qui pêchent. Carlos est dans son élément, il frétille. Ces cailloux-là, ces haches levées, ces coutelas brandis par en dessous sont ses ennemis naturels.

Il m'explique comment il est devenu marin.

– Ce sont d'abord les gens de mer qui m'ont attiré, avant la mer elle-même.

La saveur de la démesure, démesure de la fête et démesure de l'épreuve, lui est venue en naviguant. Tout jeune adolescent, vivant tantôt avec son père rentré en France tantôt avec sa mère retournée au Maroc, il a pris goût aux routes qui n'étaient pas droites. Les études l'ennuyaient, il ne s'y pliait que pour faire plaisir aux siens, surtout le grand-père devenu médecin des dockers, sur le port de Casablanca. Son père, industriel efficace, était un homme « sérieux », adepte des examens et des concours, légitimement soucieux d'offrir une carrière à Charles le rétif. Mais sa mère, Carmen, avait quitté l'enseignement pour devenir « gentille organisatrice » au Club Méditerranée d'Agadir (premiers voiliers, menés par des Bretons intrépides) avant d'acheter son propre bateau, une coque hollandaise de 18 mètres, renflouée naguère par Henry Wakelam et Bernard Moitessier, et de se lancer dans le charter, aux Antilles. De Club Med en Club Med, le jeune Carlos a vu la vie en bleu. Il prêtait la main aux différents capitaines, sur le Comte de Montecristo, ou sur le Progrès (on disait, à bord, qu'on n'arrêtait pas le Progrès, qu'il s'arrêtait tout seul). Et il aidait sa mère, si elle manquait de clients, à transporter des meubles entre Trinidad et Saint-Vincent (des affréteurs moins convenables proposaient d'autres marchandises, drogue, dictateurs en cavale, mais Carmen ne mangeait pas de ce pain-là : n'empêche, ce pain-là fleurait l'aventure).

Ce qui lui a plu, tout de suite, c'était l'extravagance. Plus que le folklore – les jeunes marins de vingt-cinq ans, des « vieux », qu'il côtoyait et admirait, savaient manœuvrer. Autre chose : le droit à l'expérience, le droit de sortir du rang, le droit à l'humour comme hygiène. Son père, inquiet, l'a gardé auprès de lui, et l'a inscrit au lycée de Compiègne afin qu'il chemine selon la règle. *Annus horribilis.* Carlos était ailleurs, il filait, sitôt les cours expédiés, nager à la piscine.

Durant les congés de Pâques, au milieu de cette grisaille, une prodigieuse embellie. L'oncle Niaki, l'ancien instituteur de Tiouine – celui qui fabriquait son encre avec des feuilles –, avait lui aussi délaissé l'école pour la voile ensoleillée. Il fallait au Club qui s'ouvrait en Corse un bateau. Niaki dénicha, sur l'île d'Yeu, un ancien thonier de 24 mètres, la Marie-Galante, et invita son neveu à participer au convoyage vers Gibraltar. Ils étaient quatre à bord et ce fut l'épopée. Le navire n'avait aucun lest, on le remplit de 30 tonnes de sable. Puis cap au 215, vers l'Espagne. Une journée plus tard, l'Espagne était en vue. Euphorie de l'équipage : on frôlait 12 nœuds de moyenne… L'euphorie retomba lorsqu'un pêcheur aimable confia, la mort dans l'âme, que cette côte entrevue n'était pas espagnole, et qu'il suggérait à ses interlocuteurs de la suivre prudemment, ce qui les tiendrait hors de la route des cargos. Le compas n'était pas compensé : il était faux. A l'approche d'un phare, devant le cap Ortegal, on aperçut des signaux rouges. Les gardiens annonçaient-ils un danger inconnu ? Mais non. Il s'agissait d'authentiques fusées de détresse, tirées par cinq belles filles à bord d'un voilier démâté. On prit les belles en remorque (signe du destin, noterait le biographe), et la Corogne, enfin, offrit sa baie, dans une brume sévère, aux navigateurs tâtonnants.

Après vérification, ce n'était pas la Corogne, mais un port charpentier voisin. On s'y échoua, sans le faire complètement exprès. Et, puisque c'était la semaine sainte, on décida de rester quelques jours – en compagnie des demoiselles qui commençaient à trouver l'épisode joyeusement pimenté. Glissons sur quelques broutilles. Un des compagnons, victime du vin blanc local, puissant et laxatif, s'endormit la tête contre le poêle et y laissa une demi-barbe brûlée. Un autre, croyant pisser le long d'un mur (ou bien la nuit était sombre, ou bien le bar était sympathique), tomba du môle à marée basse et en resta quelque peu coincé du dos. Bref, le jour de la grande procession, cette dernière fit un détour pour bénir les Français miraculés.

Carlos avait quinze ans. Pour jouer au matelot, il s'était acheté des sabots à l'île d'Yeu et marchait d'un pas chaloupé. Mais il n'était pas moins timide pour autant. Une des jolies naufragées le regardait d'un œil tendre, et lui de même. Reste qu'il était puceau, et que cette incompétence le paralysait. A l'insu de son oncle, qui aurait désapprouvé l'entreprise, il confia sa montre en gage à un charpentier, lui soutira l'adresse du quartier des bordels, et, vêtu de jean, veste et pantalon, prit le bus, un peu d'argent en poche, décidé à en finir. Sur place, toutefois, la timidité l'étouffa de nouveau. N'osant aborder l'essaim de jeunes femmes à louer, il s'installa au bistrot et but un verre. Buvant un verre, puis deux, il dépensa son argent. Et, lorsqu'il se décida enfin, sur le coup de 3 heures du matin, vexé par avance à l'idée de rentrer au bercail innocent comme devant, la somme qui lui restait ne lui autorisait les faveurs que d'une très vieille et compatissante grand-mère en manteau pied-de-poule élimé. Il la suivit. Et s'endormit au milieu de l'action. Mais le seuil était franchi.

Le bateau fut livré à bon port, en bon état, et dans les temps.

L'année suivante, négligeant le baccalauréat, Carlos s'enfuit du domicile paternel, laissant une lettre où il était question de cargo maltais. Mais ce n'est pas à La Valette qu'il se réfugia. Il rejoignit, par ses propres moyens, l'excellent oncle Niaki, chargé, l'hiver, d'entretenir la petite flotte du Club de l'île Rousse. L'oncle acceptait d'être complice, mais non point d'être coupable. Il avertit les parents. Et Carlos reçut un matin la visite de son père qui, habilement, lui tint ce langage : tu veux être marin, sois-le vraiment, tu n'aimes pas les examens, obtiens ceux qui te permettront de faire ce que tu aimes. Carlos, devant tant de bonne foi, rendit les armes, s'en fut au Maroc (sa mère y avait repris l'enseignement), navigua près d'Agadir, écouta une fois encore les conseils paternels, et finit par échouer à Paimpol où son géniteur avait repéré une institution privée qui, tout à la fois, préparait au concours de l'école hydrographique de la marine, l'hydro, sise au Havre, et récupérait les bacheliers manqués. Carlos devint bachelier, puis devint officier de marine, sans considération particulière pour les diplômes qu'il décrochait, sans passion aucune pour les recettes qu'il avalait, mais heureux chaque fois qu'un stage pratique ou une occasion d'embauche l'amenait à franchir la coupée d'un navire.

Notre promenade nous a conduits en vue du Créac'h qui, précisément, s'allume. Le ciel est étrange et pacifique, jaune ambré, des oiseaux, à contre-jour, tournent autour du phare. Carlos conclut. Devenu « marmar », il n'a pas oublié la voile, participant en tête au tour de France, menant le quatre-mâts Club Méditerranée (le futur Phocéa) d'Alain Colas pour une tournée des plages du nord, au lendemain de la transat perdue contre Tabarly par le coureur solitaire – un temps, il a lui-même envisagé de se lancer dans la compétition, et avait trouvé un financement, mais l'appel du remorquage fut le plus fort.

– Colas était assez froid. Je ne le considérais pas comme un marin.

– Il allait vite, quand même.

– Oui, il allait vite, c'était un homme volontaire. Mais je ne me souviens pas de lui comme d'un marin. La mer, quand il en parlait, c'était un espace, un champ de courses, et rien d'autre.

Je comprends enfin ce que mon interlocuteur veut dire. Un marin, pour lui, c'est assurément un homme qui possède l'art de naviguer, de lire une carte et d'affronter ce que lui réservent le hasard et la nécessité. Mais Carlos a une compréhension plus extensive du terme, anthropologique, diraient mes collègues de bureau. Être marin, c'est se tirer vivant d'une bonne « branlée » dans les cinquantièmes. C'est aussi partager une connivence. Au Havre, le patron du Karukera, le bar où Carlos jouait du banjo de temps à autre, quand les fonds étaient bas, avait coutume d'annoncer la fermeture, chaque soir, de la même manière, citant Musset aux élèves de l'hydro :

– L'homme est un apprenti, la douleur est son maître, nul n'a jamais vécu s'il n'a vraiment souffert. Maintenant, les enfants, c'est l'heure de se quitter.

Et il baissait le rideau. Ce rite, selon l'acception de mon interlocuteur, n'est pas moins « maritime » que le point et la route.

Un marin, selon Carlos, doit probablement avoir appris que l'heure exacte de la méridienne répond à la formule (M1 + M2)/2, ou que l'angle horaire d'une étoile est donné par la formule Ahao = Ahso + AV. Il connaît les tables de Dieumegard, le développement nuageux du front occlus et la « décote », la minimarée méditerranéenne. Mais cela traîne dans n'importe quel manuel. Ce qui crée l'expert, c'est l'approbation d'autres experts. Et c'est le plaisir de la reconnaissance mutuelle, non pas dans la solennité du discours, mais dans la dérision bien comprise, indifférente au protocole, respectueuse de l'océan.

Nous rentrons, dans le noir, vers la maisonnette de pierre, attenante à celle de Thérèse et Michel, qui nous est dévolue pour la nuit. Près de la « Duche » (la Duchesse Anne, hôtel-restaurant-café-vue sur mer, à Lampaul), dont sortent quelques hommes, Carlos, brusquement, se rejette dans l'ombre. Je ne veux pas, explique-t-il, que le grand, là-bas, me reconnaisse. Et pourquoi, mon ami, ce grand lascar est-il à craindre ? Aurais-tu séduit sa femme ? Non pas. Cet homme-là est le plus redoutable « pistard » de l'île, qui en compte quelques-uns, et valeureux. Si tu le suis, tu le suis jusqu'à l'aube. Si tu le suis jusqu'à l'aube, tu ne reconnais plus l'aube du crépuscule. Et si tu ne le suis pas, il reçoit ton refus comme un affront. Or il faut dormir, dit Carlos. Ce n'est pas le moment d'avoir l'œil trouble, il pourrait servir bientôt.

Rendus à notre porte, nous prenons grand soin de ne pas écraser les petits canards jaunes. Car le second degré est le premier degré de l'intelligence.

*

* *

Il a soufflé pendant la nuit. Et plu, rapidement et dru – les averses ne s'accrochent pas à l'île, elles gardent leur énergie pour le continent. Le suroît va retrouver son empire. Fini, le pastel.

Au petit déjeuner, café, tartines, beurre salé (précision inutile : le beurre, c'est salé), Carlos est préoccupé. Je comprends maintenant pourquoi la limpidité de ses méninges lui semblait si précieuse. Le directeur d'exploitation des Abeilles lui a téléphoné. Depuis trois jours, la compagnie se débat avec un porte-conteneurs chypriote, le Rosa M, un gros bateau, chargé jusqu'aux cheminées, et plus que mal en point. Il a normalement quitté Rouen et, brutalement, au nord du cap Lévy, a pris 37 degrés de gîte, pour une raison inconnue, menaçant de couler aussitôt. Le commandant italien a ordonné l'évacuation générale. Et l'on a cru que le navire était immédiatement perdu. Avec une catastrophe écologique à la clé : parmi les conteneurs, semble-t-il (l'information, en la matière, est lente et partielle), plusieurs, recelant des produits chimiques, sont classés « dangereux » ou « très dangereux ». Mais le Rosa M flottait encore – flottait presque. L'Abeille Languedoc, accourue de Cherbourg, l'a tiré vers un banc de sable et l'a délibérément échoué devant Bretteville, à l'est de la rade, après que des plongeurs de la Marine ont vérifié les fonds, pour parer au plus pressé. Depuis, on pompe, on pompe comme les Shadoks, et le Rosa M ne décolle pas. Il est exposé à tous les vents, dans l'anse du Becquet. Et l'urgence grandit : une tempête est prévue en fin de semaine, s'il n'est pas possible de le traîner plus à l'abri, il risque d'être disloqué comme, naguère, l'Olympic Bravery. Carlos adore Ouessant. Mais il a maintenant le Rosa en tête. Les sauvetages impossibles, ça le connaît – et ça l'excite.

Nous ne finirons pas ce petit déjeuner. Le téléphone sonne de nouveau. On attend Carlos à Cherbourg. Tout de suite. Congé ou pas. Nous avons dix minutes pour qu'il attrape le petit avion de Finist'air, un Cessna Caravan dont le pilote, Rémi, fut, dit-on, un as des pompiers volants. As, il l'est toujours : par 80 nœuds de vent, il décolle encore. Le bagage de Carlos pèse moins d'un kilo. Il s'envole, depuis la courte piste qui domine le mouillage du Stiff, cap à l'est, vers le soleil trop vif du matin, un de ces soleils qui ne passeront pas la journée. Léger. Et heureux, je le devine à la brillance de l'œil, heureux de ne pas manquer ça.

– Je t'appellerai, ne lâche pas ton portable.

Je serais bien parti avec lui, et il m'aurait volontiers emmené, mais, là-bas, c'est l'inconnu. Sur l'Abeille, je suis le treizième homme, je circule et travaille le plus naturellement du monde. A Brest, sur le « porco », on m'a vite adopté, je suis de tous les pots (lourde charge) et de toutes les réunions. Serge Thébaut, le perspicace et fraternel « officier de relations publiques » attaché à l'Amiral, m'a même doté d'un coupe-file qui me permet de pénétrer au Château sans formalité aucune. Mais là, c'est autre chose. Cherbourg doit être en état de siège. Une grève, fort opportune, des stations régionales de télévision, prive les Français d'images concernant le Rosa M – et, comme chacun sait, pas d'image, pas d'événement, pas d'ouverture du journal de 20 heures. Les correspondants de la presse écrite recueillent ce qu'ils peuvent mais ne sont pas en mer. Bref, l'éventuel désastre écologique, pour l'instant, reste pratiquement inaperçu. Et l'arrivée, au cœur de la cellule de crise, d'un étranger plumitif serait funeste. J'attends.

Carlos parti, je m'en vais à Yusin avec Michel et je le filme devant les rochers sur lesquels s'est empalé l'Olympic Bravery. La brise, qui revient, secoue mon pied de caméra, sature le micro. Mais Michel, généreux et pédagogue, livre son témoignage avec ou contre le ciel. Lequel tourne au sombre, puis au noir. Nous voici tous les deux fuyant sous le grain, partagés entre le rire et le souci du matériel. Le temps que l'éclaircie gagne, nous émigrons vers la pointe de Pern, devant le phare de Nividic dont Michel assurait la maintenance (un hélicoptère le déposait au-dessus de la lanterne). Et je le questionne à nouveau : quels sont donc ces trois pylônes de ciment qui semblent mener au phare ? C'était une trouvaille d'architecte, pour y conduire le gardien, et pour soutenir des câbles d'alimentation. Cela n'a fonctionné que quelques mois. A cause du vent ? Pire : à cause de la mer. Les vagues, ici, sont si furieuses qu'elles ont grimpé à l'assaut des pylônes, arraché les câbles, et renvoyé les ingénieurs à leurs papiers calques. Où qu'on se trouve, à Ouessant, un phare, une balise, un amer est visible. Les hommes se sont échinés à circonscrire le danger, à y poser leur marque. Mais, écoutant Michel, je ne sais pourquoi, me reviennent les images de

King Kong derrière ses palissades, du roi Kong se dressant d'un jet, pulvérisant l'enclos où les humains ont prétendu le séquestrer, et libérant sa puissance dans un cri, même pas un cri de rage ou de revanche, un cri beaucoup plus sauvage que ça, indifférent aux signes et aux conventions langagières. Derrière Michel, dans le viseur de ma caméra, je vois défiler, sur le rail, les jouets de King Kong, vraquiers aux portiques saillants, pétroliers rectilignes, transporteurs de voitures massifs, hauts sur l'horizon. Je zoome, et ils deviennent énormes, tout proches.

Avant de quitter mes hôtes et l'île, je traverse le cimetière. Je lis, gravé sur une plaque blanche : « Ici nous déposons les croix de proella en mémoire de nos marins qui meurent loin de leur pays dans les guerres, les maladies et les naufrages… » Les croix de proella, nous avons quasiment les mêmes chez moi, près de Paimpol : ce sont les sépultures symboliques accordées aux péris en mer, qu'on n'enterre pas faute de cadavre, mais qu'on honore cependant près des tombes, et dont la mémoire est conservée sur une croix de bois. A Ploubazlanec, le pays de Charly, le pays des « Islandais », un « mur des disparus » évoque ainsi le souvenir des goélettes englouties. Je remarque, ici, à Ouessant, que les tombes sont éloquentes, voire fortes en gueule. Untel, annonce une inscription, fut victime « de la folie des hommes ». Je ne sais quelle folie, il y a le choix.

Rentré sur Brest, je suis hébergé par Nadine, Mme Claden. Elle est vraiment en colère, d'une colère amoureuse, et ce ne sont pas les moindres. Après m'avoir quitté, son mari – officiellement en vacances – est passé deux minutes à la maison, a entassé quatre vêtements dans un sac, filé vers la voiture et pris la route. Tout ce qu'elle sait, par sa sœur qui habite Cherbourg, c'est qu'il a failli se tuer en chemin, recevant sur son pare-brise un panneau de bois tombé du camion qui le précédait. A part cela, tout va bien. Plus aucune nouvelle.

– Le comble, proteste Nadine, c'est que s'il sauve le bateau, ce sera grâce aux autres, et que s'il le manque, ce sera par sa faute !

Peut-être bien. C'est là, me semble-t-il, une constante de la vie politique, ou de la vie d'entreprise. Mais ce qui agace le plus Nadine, c'est qu'au fond Carlos s'en fout. Radicalement. Par moments, elle pense qu'il paierait pour naviguer, plus cher qu'il n'est payé. Et elle devine, comme moi, pourquoi il n'appelle pas. Problème de transmission, de radio ? Abondance des tâches ? Allons donc ! S'il le voulait, il trouverait un moyen, il trouverait une minute. Non. Carlos n'appelle pas parce qu'il considère que ce serait une erreur d'appeler. Il ne s'agit pas d'égoïsme phallocrate, de mépris couilles-au-cul envers le reste de l'humanité, et, notamment, sa partie féminine. Carlos n'est pas moins amoureux de sa femme qu'elle ne lui est attachée. C'est autre chose, une retenue, un devoir de réserve. En opération, m'a-t-il souvent expliqué, il ne faut plus se retourner en arrière, il faut couper les ponts, il faut s'abandonner à l'objectif unique, il faut se méfier de soi-même : ta tête est trop petite pour contenir à la fois le problème que tu dois résoudre, les précautions que tu dois prendre, et puis la convivialité d'une mousse, au bar du coin, et le parfum de la femme qui te trouble, et le rire de ton enfant. Se détacher, pour le temps de l'action, n'est pas arrogance mais prudence.

N'empêche. Pour celui ou celle qui reste, ce discours-là est normalement inaudible. Je le sais. Je n'en tiens pas d'autre quand j'écris un livre.

Le week-end arrive. Je rejoins à Saint-Malo des amis, et la femme dont je partage l'existence. Le dimanche matin, elle et moi mettons le cap sur Paris. J'ignore presque tout du Rosa M. La presse régionale a simplement indiqué qu'il a été remorqué, difficilement, en rade de Cherbourg. La tempête est pour ce soir. A hauteur de Rennes, j'allume mon téléphone portable et j'entends un message. La voix de Carlos est fatiguée mais espiègle :

– Si tu le peux, viens très vite. Tu es embauché…

Suit un numéro que je compose aussitôt. Carlos :

– Je te passe M. Quillivic, le directeur d'exploitation.

Je suis effectivement embauché. La compagnie a besoin d'un cameraman. Pas un artiste, sa lourde Bétacam sur l'épaule. Un type comme moi, prêt à se faufiler dans les trous d'homme et à descendre à fond de cale. Tout sauvetage d'envergure s'achève par un jugement d'experts, à Londres, éventuellement par un procès contradictoire. Les images, alors, pèsent lourd dans la balance, à côté des rapports épais. Et je suis donc requis pour filmer, avec totale liberté d'accès au Rosa M. Un Zodiac m'attendra près des remorqueurs portuaires et m'emmènera sur le théâtre des opérations, en mer.

Il ne suffit pas d'avouer poliment l'ignominie. La seule façon de s'en défaire est de la clamer très haut sur la place publique. J'avoue que j'ai conduit à la gare voisine la femme dont je partage l'existence, et que je l'ai abandonnée sans remords. Elle n'a formulé aucun reproche, mais il y avait, dans sa prunelle noisette, le même éclat, mélange d'ironie et de désolation, que j'avais observé, deux jours plus tôt, dans la prunelle verte de Mme Claden.

*
* *

Cherbourg. L'immense zone portuaire, bitume noir, ciel noir, coques noires, est plongée dans les ténèbres. Les réverbères épars, et une étrange pagode nue, plantée dans le désert humide, donnent juste assez de lumière pour rendre visibles les trombes d'eau tournoyante et froide que le vent charrie par saccades. Des pancartes, dans tous les sens, ne paraissent mener nulle part. Sans âme charitable pour m'orienter, je tournerais en rond jusqu'à la fin du déluge. Voici, enfin, le remorqueur portuaire. Je me change sur le quai, sors du coffre mon matériel, saute à bord de la petite Abeille. Un appel à la VHF, le Zodiac est parti. En attendant, j'enfile veste et pantalon de ciré. J'emballe mes colis dans des sacs-poubelle. Ça va mouiller sec.

Le matelot qui m'accueille ne m'est pas inconnu. Nous nous sommes croisés, brièvement. C'est un homme trapu, qui m'étendrait d'un revers s'il était méchant. Mais il n'est pas méchant du tout. Il me vouvoie, trop respectueusement.

– Dis-moi tu !

– Faut pas m'en vouloir, ça vient pas…

Et il démarre, plein pot, bien droit, jambes écartées, cramponné à son volant. L'avant déjauge, le Zodiac se soulève et accélère. J'ai groupé mes affaires dans l'étrave et je choisis de ne pas penser à l'eau douce et à l'eau salée qui se disputent les circuits de ma caméra. J'ai adopté la position que m'ont enseignée Jean-Marc et Charly : debout, moi aussi, les mains solidement cramponnées aux épaules de mon passeur. Nous cognons dans le clapot mais l'erreur serait de ralentir. Le Zodiac est un engin qui ne connaît point les allures intermédiaires : ou l'on surfe sur les vagues, ou l'on se faufile, tout doux, au ralenti. Nous avons vingt bonnes minutes de route. Lentement, les embruns et la pluie nous agresseraient plus encore.

Le chantier apparaît d'un coup. A côté du Rosa M, l'Abeille Languedoc est une petite chose compacte et scintillante. Le cargo, lui, a l'air d'un cétacé meurtri, vautré sur bâbord, tous feux éteints. Nous le longeons d'assez près pour que je distingue la cathédrale de conteneurs hissée sur le pont – mais cette cathédrale penche beaucoup plus que la tour de Pise, on se demande pourquoi ses flèches ne l'entraînent pas au fond, en enfer. Entre le remorqueur et le navire désemparé, un ponton grince, malmené par les rafales et les vagues courtes. Des projecteurs, des groupes, des pompes y sont entassés, et ça pète comme à Montlhéry, et ça flambe comme à Versailles. Au flanc du Rosa, une échelle de pilote, marches de bois et cordages, se perd dans les hauteurs de la muraille d'acier. Personne en vue. Le bosco de la Languedoc, seul, est dehors pour nous repêcher d'un coup de grue.

Ce n'est plus un remorqueur, c'est un dortoir. Et un dortoir surpeuplé. Moi qui suis habitué, sur la Flandre, à l'espace et à la solitude, je n'en crois pas mes yeux. C'est exactement le même bateau, hormis le tableau du carré et la couleur des rideaux. Mais on s'y entasse à trois par cabine, la compagnie a rameuté le ban et l'arrière-ban. Des hommes ronflent, porte ouverte. Et je me demande quel effort ils ont dû fournir pour s'abattre ainsi, manifestement épuisés. Je descends vers la salle à manger des officiers. Le repas est achevé mais le cuisinier m'a gardé une salade, et de la charcuterie, et du vin : toutes les traditions ne sont pas perdues.

– Mange, me conseille-t-il, tu ne sais pas quand le plat repassera.

Je demande si Carlos est à bord. Un officier à l'œil battu me répond aigrement :

– On ne dit plus Carlos, maintenant, on dit Charles…

Il prononce Chââârles, avec une affectation rancunière. Je devine, peu ou prou, ce qu'il se passe. Si Carlos a pris les opérations en main, rien d'étonnant que cette promotion suscite quelque grogne chez certains de ses pairs. Il a la réputation d'un franc-tireur talentueux. Quand on l'appelle, surtout s'il est à terre, c'est que d'autres recours ont été explorés, et vainement. Forcément, ça dérange. Je pique du nez dans mon assiette, laissant le grain s'éloigner et ne risquant aucune question. Le silence qui s'abat pue la fatigue et le manque de sommeil. Mon vis-à-vis reprend un verre de vin et boit sans me voir. Cela dure.

Le rideau du salon se lève comme au Châtelet, et Carlos fait son entrée. Ses yeux sont deux petites fentes, ses joues sont maculées de graisse, mais il resplendit, souriant de toutes ses dents, et vêtu d'une combinaison de survie qui hésite entre le rouge et le violet, suivant que la crasse ou le sel l'a emporté.

– Viens, on va prendre l'air…

Je dépose mes sacs-poubelle dans la cabine du second mécanicien, Jacques, dit « Petit Facom », qui m'offrira, cette nuit, sa banquette. Petit Facom est petit et adore l'outillage Facom. Par ailleurs – je l'ai côtoyé sur la Flandre – fin diseur, vrai voyageur, glorifiant la campagne en mer, et la mer à la campagne. Carlos m'entraîne à l'extérieur. Nous enjambons la lisse du navire et retombons sur le ponton houleux, souillé d'huile et de fuel.

– Demain, il faut que tu viennes t'installer avec nous, hurle Carlos dans le vacarme des groupes. De toute façon, la Languedoc rentre au port pour faire les pleins. Elle sera relayée par le Malabar, le remorqueur des militaires, qui nous a déjà aidés. Allez, on commence la visite.

– Qui ça, nous ?

Je hurle à mon tour, mais Carlos m'a tourné le dos et traverse le ponton en direction du Rosa.

De ma vie, je n'ai escaladé une échelle de pilote. C'est simple. Il suffit de se positionner au bord du ponton, qui monte ou descend selon la vague, et se rapproche ou s'éloigne du cargo (on évitera de regarder l'espace élastique qui sépare les deux coques, et d'imaginer ce qu'il adviendrait d'un homme glissant entre les mâchoires de l'étau). Puis il suffit de se jeter en avant, d'un mouvement franc, la caméra en bandoulière, et de s'accrocher des deux mains, ce point n'est pas mineur, aux cordages qui encadrent les marches. Il suffit enfin de monter posément, sans se retourner surtout, et d'empoigner, 15 mètres plus haut, les deux tiges de ferraille branlante qui balisent le pont du navire. Carlos grimpe comme un chat. Moi, je n'ai pas peur, la peur c'est digne : j'ai la trouille, et je me dis que je l'aurai bien plus en redescendant. Signe qui ne trompe pas, je me jure de faire un régime et de renoncer définitivement à l'alcool.

Nous sommes dans la nuit, dans le vent gelé. Le pont du Rosa, très pentu – la gîte est encore de 17 degrés –, est dégoûtant, poisseux, encombré de tuyaux. Au loin, gommées par la pluie, en grappes confuses, les lumières de Cherbourg. Carlos cherche à peine ses appuis : ce bateau est devenu son bateau, depuis trois jours, il l'explore, il le parcourt, il le sonde. Quand il est arrivé, les équipes peinaient déjà durement. Par les trous d'homme, les pompes immergées semblaient aspirer la Manche entière. A la marée descendante, on avait l'impression de gagner. Mais avec le flot, l'eau remontait dans les cales. Les entrées demeuraient trop nombreuses, et il était impossible de dégager le navire dans ces conditions. La gîte, à chaque pleine mer, était de 27 ou 28 degrés. Une secousse, et la pirouette était probable. Au début, les conteneurs résistaient à l'eau, aidaient le cargo à flotter encore. Mais leurs portes cédaient peu à peu sous l'énorme pression, et le danger allait croissant.

La tactique préconisée par Carlos a été de ne rien précipiter, tempête menaçante ou pas, d'inventorier toutes les brèches, tous les accès, de rechercher les plans, de visiter le Rosa avec le commandant et le chef mécanicien. Il s'agissait de « reconstruire » intellectuellement le naufragé avant d'agiter les secours. Un architecte naval, spécialiste des sauvetages, a été requis : un Écossais, fort célèbre dans le club très fermé des grands experts. Bill, à longueur d'année, ne fait que cela : il court de naufrage en naufrage, d'incendie en incendie. Il surgit, à n'importe quel coin du globe, avec sa petite mallette, son ordinateur portable, ses grosses batteries, sa brosse à dents, et une salopette bleue. Et il dissèque le blessé avant de lui rendre vie.

La météo s'annonçait de plus en plus menaçante, et les coefficients de marée diminuaient : les pouvoirs publics et les responsables de la compagnie avaient légitimement hâte que le bateau fût arraché à son banc de sable. Pourtant, Bill et Carlos, immédiatement au diapason, ont freiné le mouvement. Ils voulaient être raisonnablement sûrs qu'une fois dégagé le bateau flotterait, et conserverait un fragile équilibre. Les hommes de l'Abeille et du Malabar ont travaillé sans voir le jour ni la nuit, sondant ici, pompant là, colmatant panneau par panneau. Finalement, c'est la nuit dernière que la manœuvre a été tentée : on avait atteint 17 degrés de gîte, et les calculs fixaient à 20 le point de chavirement. Le Rosa flotte, vaille que vaille. Carlos, pour cette nuit, a demandé aux hommes de se reposer un peu (lui-même n'a guère dormi plus de vingt minutes d'affilée depuis qu'il a quitté Ouessant). Le port du Havre veut bien accueillir le bateau en deçà de 10 degrés : son déchargement, sinon, serait impossible ou dangereux. Nous sommes encore loin du compte, et la cause exacte de la catastrophe n'est pas clairement déterminée.

Nous progressons entre des tours de conteneurs, empilés sur quatre à six étages, séparés par d'étroites ruelles comme les *blocks* new-yorkais. Et ce n'est là que la pointe du gratte-ciel, les fondations descendent dans un gouffre dont le fond est inconnu, noyé. La plage avant, par contraste, semble immense et lunaire. La pluie faiblit et le vent redouble, une bâche de plastique fouette l'acier. Nous glissons prudemment vers bâbord, à la gîte. Un projecteur fouille la nuit. Carlos écarte le rabat de son col et dégage un petit micro VHF :

– C'est toi, Cécile ?

– Salut, Carlos. Je te préviens qu'on doit appareiller très tôt demain. J'ai un ferry.

Cécile commande un des deux remorqueurs portuaires. Le Rosa M n'est mouillé que sur une ancre, l'autre a été perdue. Par précaution, dans le coup de vent, il faut être prêt à le maîtriser s'il casse. Des toulines nous sont expédiées. Un matelot nous rejoint et dispose le gréement. Nous repartons vers l'arrière. Au plus bas de la pente, la lisse du cargo est toute proche de l'eau. Hier matin, elle était dessous. Carlos désigne le château :

– Je me suis installé là-haut avec Bill. Nous sommes seuls, peinards, la tête au frais.

Les candidats ne devaient pas être nombreux pour coucher à bord dans le froid, sans courant électrique, sans eau, et avec l'éventualité – que la cervelle chasse au moment de s'endormir – du grand retournement. Mais les deux associés ont une philosophie commune. Pour diriger un sauvetage, il faut être sur le bateau, loin des parlotes, des psychodrames, et il faut évacuer toutes les considérations annexes, exiger toute la logistique voulue : la terre doit être au service de la mer. Si les hommes ont besoin de lampes étanches, qu'on leur donne des lampes étanches, s'ils ont besoin d'un duvet, qu'on leur donne un duvet. Un homme contrarié est vite dévoré par l'épuisement ou par la peur.

Nous pénétrons dans le château. Du papier kraft a été déroulé par terre afin de rendre la patinoire praticable. C'est un beau navire. Ou plutôt, ce l'était. On jurerait que murs, sols, plafonds ont été enduits d'un mélange de suif et de boue. L'ancienne salle de jeux et de cinéma donne l'impression d'avoir été saccagée par une bande de soudards, lors d'une guerre civile. Un petit groupe de secours, amené de l'extérieur car la salle des machines est sous l'eau, fournit un minimum de lumière blanchâtre, si ténue qu'on ne la perçoit pas du pont. Il reste quatre ou cinq marins là-dedans. Le commandant et le chef ont débarqué hier pour s'installer à l'hôtel, dormir, se laver. Le gros de l'équipage a été rapatrié. Ne demeurent plus, dans ce décor de fin de partie, que ceux qui n'ont pas de maison, dont le cargo est l'unique abri, et qui s'y accrochent. Ce sont des Malgaches, le plus jeune a l'allure et sans doute l'âge d'un adolescent. Avec eux, leur patron, un cuisinier affable et effondré.

Son domaine n'est que ruine, la hotte s'est disloquée, les placards sont en vrac. Mais il nous reçoit chaleureusement. Carlos s'est déjà rendu populaire et son repas l'attend, le même que la veille et que le lendemain : un plat de spaghettis à l'eau, mitonnés dans un fait-tout. Il s'adosse pour compenser la pente et plonge le nez dans l'assiette. On parle, avec les mots qu'on a.

Qu'est-ce que c'est, une catastrophe ? Tu es au chaud dans un immeuble vaste et cossu, tu l'habites depuis des années, tu le connais, tu as tes voisins de palier, tes compagnons de travail, et ceux que tu n'aimes pas, que tu connais par cœur, eux aussi. C'est un immeuble mobile, voilà tout. Mais les gens du sommet, les trois et quatre galons, à la passerelle, connaissent leur boulot et l'ont prouvé. Et tu quittes Rouen comme tu quitterais Djibouti, Rio ou Port Elizabeth, tu en as vu d'autres, ça glisse sur la fenêtre. Et puis le bruit court que l'immeuble penche un brin, presque rien, 2 degrés sur bâbord. Les dockers, peut-être, qui ont mal équilibré la cargaison. 2 degrés, ça mérite considération quand on pèse des dizaines de milliers de tonnes. Mais personne ne s'affole, dans l'immeuble. Le commandant ordonne de ballaster à tribord, pour retrouver l'horizontale. On pompe de l'eau de mer, on l'envoie dans les citernes géantes qui servent à lester le bateau. Pourtant, il continue, le bateau, à gîter sur bâbord. Qu'à cela ne tienne, ordonne le commandant, ballastons à tribord avec plus d'énergie. Et l'on ballaste, tout en défonçant la mer, on aspire des milliards de gouttes d'eau. Et l'on est agacé par ce contretemps.

D'un seul coup, personne ne s'y attend, le commandant est en train de prendre sa douche, le bateau part, l'immeuble se couche. On ballaste, on ballaste, et il se couche encore plus, et l'on va mourir.

Plus loin, au milieu de l'Atlantique ou du Pacifique, ils seraient morts, tous. Les superfrelons ne volent pas jusque-là. Et les confrères ne grouillent point, comme sur le rail. Mais les hélicos étaient à portée, et sont accourus. Et l'on a vu l'aide-cuisinier, un Malgache, s'élever dans les airs, tenant à la main un pochon de plastique dans lequel il serrait les dollars économisés un à un depuis cinq ans. Et l'on a vu le pochon se déchirer, les billets s'égrener au vent des pales, voltiger autour du malheureux qui ne pouvait, étiré par les sangles, rattraper la moindre parcelle de son trésor. Voilà ce qu'est une catastrophe.

*
* *

6 heures, avant l'aube. La Languedoc appareille, je reste sur le ponton et observe la manœuvre d'approche du Malabar, un joli remorqueur gris, beaucoup moins puissant mais beaucoup plus peuplé. Carlos descend l'échelle de pilote. Il devait dormir, il n'a pas dormi. Toute la nuit, les « rondiers » ont sondé les cales, vérifiant que l'eau ne remontait pas, et rendant compte. Le Rosa a tenu contre le vent. Bill, me dit Carlos, n'a pas quitté son ordinateur de vue, entrant des cotes, dessinant chaque recoin, calculant. Le plan de bataille d'aujourd'hui est prêt. Et, si la bataille est remportée, le plan ultérieur est en gestation. A ce jeu-là, on doit essayer d'avoir constamment, dans la tête, deux jours d'avance.

Le vent reste mordant, le ciel est à la traîne. Le commandant (tassé, la moustache fine défaite) et le chef du Rosa, transportés par une pilotine, reviennent sur ce qui n'est plus, désormais, leur bateau. Ils serrent la main de Carlos. Derrière eux, un petit homme aux yeux las, coiffé d'un bonnet de laine, blotti dans une parka douteuse. Un graisseur ? Non, c'est Salvatore, le superintendant de la compagnie, l'interlocuteur numéro un des Abeilles. Cet homme-là vit une sacrée quinzaine. La semaine dernière, un autre bâtiment relevant de lui s'est cassé en deux au large des côtes espagnoles. Et maintenant, le Rosa...

Briefing sur le Malabar. Carlos et Olivier, le pacha du navire militaire, se tutoient. Les jours précédents ont scellé des relations solidaires et libérées du protocole. Les marins de la Royale ont plutôt l'habitude de remorquer des cibles ou des barges. Ce type d'opération est nouveau pour eux. Ils s'y sont investis avec le plaisir d'apprendre et de faire œuvre utile. Fonctionnaire, civil, les statuts n'ont plus d'importance. Quand ils ont appris, hier soir, qu'ils étaient de nouveau appelés en renfort au lieu de retourner à la maison, la grogne s'est élevée, brièvement. Mais les voici groupés autour des plans, notant les objectifs désignés par Carlos : cale 2, cale 3, tunnels, coursives.

L'échelle de pilote ne me terrorise plus – petite crispation au décollage et à l'atterrissage. Je suis, caméra autour du cou, le second du Malabar pour une plongée guidée dans le ventre de la bête. Sur le pont, les équipes s'affairent, chacune reliée à Carlos par VHF. Des tuyaux, des kilomètres de tuyaux. Des lourdes pompes Framo. Des sondes déroulantes. Sous la pluie, dans la crasse, j'ai vite changé de tenue, récupéré ici une salopette orange, là des bottes jaunes. Le plus important, ce sont les gants : à main nue, on n'a bientôt plus de prise tant la peau est graissée. Mon guide s'enfourne dans un trou d'homme et je l'imite. D'échelle en échelle, nous descendons au creux du Padirac flottant, 14 à 16 mètres plus bas.

Un « sauvetage », pour moi, c'était une poursuite sur les flots déchaînés, une assistance houleuse. Je découvre ce que les hommes de l'art nomment ainsi : cela ressemblerait plutôt à Germinal-sur-Manche. Au fond du fond, des marins devenus mineurs, éclairés par leur seule lampe frontale, résistent à l'envahisseur. Cloison après cloison, panneau après panneau, ils pataugent, ils épongent. Ces cales sont des cavernes, reliées par des boyaux, des tunnels. La voix y résonne, des silhouettes sortent du néant et se dissolvent aussitôt. On n'est pas seulement « loin de tout ». On est ailleurs, en un temps et un espace non identifiés. Qui plus est, ce travail de terrassier ne se résume pas à un travail de force : il ne s'agit point de cogner comme un sourd, de tirer comme un bœuf, il faut encore avancer avec délicatesse, avec la minutie d'un démineur, car la fausse manœuvre tue. Il règne, dans le labyrinthe, un froid abyssal, un froid de calamars géants et de cœlacanthes anachroniques, l'acier des tôles semble poreux, pénétré par le liquide environnant, la sueur se conjugue au brouillard de l'haleine.

Des conteneurs, encore des conteneurs, les uns secs, d'autres immergés, d'autres revenus à la surface (on se méfie du café et de tout ce qui recèle de la vie : après avoir séjourné dans l'eau, ça fermente et ça détone). Qu'y a-t-il, au reste, derrière ces portes, anonymes pour la plupart? Nous n'en savons rien, pas plus que l'équipage qui menait ce navire. Quelques-uns des cubes géants sont marqués « dangereux ». Leur fermeture est renforcée avec de la bricole, du papier collant, et ils n'auraient jamais dû, selon les règles, être arrimés si bas sous la flottaison. C'est ainsi sur tous les océans, où défilent huit dixièmes des marchandises de la terre.

Remontant, nous traversons un parking aux allures d'hypogée décadent. Les Mercedes neuves, souillées mais incontestablement neuves, allient déroute et dérision. L'eau affleure, dans un coin. Le Rosa flotte mais n'a pas complètement livré son mystère. Des plongeurs, enfouis dans la nuit métallique, dans le fuel et l'iode brassés, explorent l'arrière, la machine, et une cale intermédiaire dont la capacité exacte, sur les plans, n'est pas spécifiée.

Je rentre au château afin de rejoindre Carlos, installé à la passerelle. Huit étages m'en séparent, huit étages de guingois, qu'on avale cramponné à la rampe, plongeant dans un sens, basculant dans l'autre. Au deuxième niveau, au milieu de ce qui fut un salon – le mobilier s'est fracassé contre une cloison –, le commandant et Salvatore sont en conférence, assis par terre près d'un petit radiateur, des canettes de bière à portée, le téléphone cellulaire allumé. Gitans perdus dans la Puszta, ils seraient moins perdus. L'atmosphère de déglingue les enveloppe et les isole. Ils sont probablement en train de se demander si leurs sauveteurs qui ont pris le pouvoir agissent correctement, s'il ne serait pas souhaitable de leur lâcher quelques contre-experts dans les pattes. Ils se demandent fatalement s'ils sont le client ou le gibier – et la compagnie, heure par heure, les talonne, les invite à chercher la faille : quand tout cela sera fini, bien ou mal, elle plaidera, elle essaiera de démontrer que d'autres solutions, moins coûteuses, plus rapides, étaient envisageables, et l'affaire se dénouera, soit à l'amiable, soit devant des juges-arbitres londoniens.

La passerelle, lumineuse et pentue, semble une île déserte. Carlos en est l'unique habitant. Bill, que je n'ai pas encore croisé, est précisément allé à la rencontre d'un confrère de la partie adverse – il aurait pu, tout aussi bien, se produire que le commandant Claden et lui soient rivaux et non alliés, c'est le jeu. La porte coulissante qui donne sur le balcon ferme mal et le vent ulule, sinistre et mélodieux. Juché dans le fauteuil du pacha, un grand fauteuil de Skaï monté sur pivot, Carlos a sorti un minuscule dictaphone et enregistre, point par point, comme s'il était étranger à ce processus, tout ce qui a été accompli depuis la veille, à quelle heure, par qui, sur l'ordre de qui, avec quel résultat.

– Il n'y a qu'une règle, dit-il. N'entreprendre qu'une seule chose à la fois. La partie est trop serrée et nous sommes faillibles. Si nous commettons l'imprudence, pour gagner du temps ou parce que nous imaginons que nous en gagnerions, de lancer deux opérations simultanées, nous irons à la faute.

Et il reprend sa litanie. A telle heure, l'officier de sauvetage Untel a sondé telle cale. A telle heure, les hommes du Malabar ont vérifié le fonctionnement du guindeau. A telle heure…

Il s'endort en parlant. Je ne bouge plus, je regarde les instruments de navigation inutiles, les commandes inertes. Le clinomètre annonce 3 degrés de mieux : nous en sommes à 14. La VHF couine et secoue Carlos :

– PC Rosa, PC Rosa…

– PC Rosa, je t'écoute…

Bill surgit. Je ne l'ai jamais vu, mais c'est lui, à l'évidence. L'œil clair, la mine du joueur de poker qui n'en est pas à son premier bluff. On croirait volontiers qu'il s'amuse, n'était la fixité du regard et la contraction régulière des mâchoires qui palpitent sous la joue. Il ne parle pas anglais, Bill, il cesserait de te parler si tu émettais une incongruité pareille, il parle écossais, roulant les *r* comme dans *Whisky à gogo.*

– *Step by step, that's the point*[1]…

Carlos, maintenant éveillé, rigole :

– Tu vois que nous sommes faits pour nous entendre !

Bill rallume son ordinateur portable, beaucoup plus petit que les batteries qui l'alimentent, et des images en deux, en trois dimensions, se succèdent, accompagnées de chiffres. Le squelette du Rosa se profile : la question n'est pas d'évacuer l'eau mais de l'évacuer judicieusement ; si l'on allège trop une cale, on va reproduire la catastrophe. Je demande à l'expert quelle est la cause probable du sinistre. Il me parle des flumes, amples ballasts qui traversent le navire sur toute sa largeur. Sa conclusion est que des réservoirs normalement étanches communiquaient par défaut d'entretien : quand les hommes du cargo pom-

1. « Un pas après l'autre, voilà le truc… »

paient à tribord pour redresser l'assiette, l'eau filait à bâbord et aggravait la pente. Un coup de mer, et c'est parti.

En silence, il scrute l'écran, rigoureusement immobile, comparable à un maître d'échecs lors d'une finale. Je m'étais trompé : ce n'est pas le poker, son art, le bluff en est absent, l'anticipation raisonnée mobilise totalement son intelligence, et il n'entre, dans sa démarche, aucune part de vanité. J'observe le doute méthodique à l'œuvre, la crainte que l'intuition ne l'emporte sur la vérification expérimentale. Un effort d'imagination est nécessaire pour penser qu'en bas Germinal continue. Il règne, sur ce « PC » aux allures de palais des courants d'air, dont les vitres sont fouettées par la pluie, une ambiance de laboratoire studieux dont la quiétude n'est rompue que par le crachouillement de la VHF, et par les questions techniques régulièrement posées, en écossais, à Carlos.

Ce dernier avoue, entre deux communications, sa crainte majeure. Les équipes, pour avoir dormi quelques heures, et pour avoir gagné plusieurs étapes contre le naufrage, risquent d'être moins prudentes. Olivier, le commandant du Malabar, et les officiers de l'Abeille n'ont cessé de répéter les consignes de sécurité. La moindre goutte de boisson alcoolisée est interdite à quiconque met le pied sur le Rosa. Car la fatigue est toujours là, et le danger toujours présent :

– C'est aujourd'hui que l'accident menace. Comme au ski : on ne se casse pas la gueule le premier ni le deuxième jour. Tous les moniteurs savent bien que le troisième jour est celui des fractures, parce que les gens se sentent en confiance.

Nous sommes à ce stade. Un gars qui dégringole par le trou d'homme, c'est vite arrivé.

La soirée confirme ce pressentiment. Peu avant minuit, nous partons en Zodiac pour une séance de « débriefing » sur l'Abeille, mouillée à 500 mètres du cargo. Christian Quillivic, le directeur d'exploitation, est présent. Sur la table, une bouteille de Perrier. Bill travaille Carlos au corps, à la manière d'un avocat teigneux, comme s'il préparait le dossier de l'adversaire. Dans quelle cale as-tu envoyé des hommes cet après-midi ? Pourquoi cette cale plutôt qu'une autre ? Quel matériel as-tu employé ? Pourquoi ce type de matériel ? Quelle est l'étape suivante ? Pourquoi celle-là ? Bill, mâchoires serrées, passe les réponses au tamis. Et Carlos récite, *step by step*, chacune de ses actions, quand bien même son interlocuteur en est le meilleur témoin. Christian Quillivic suit la partie comme le public de Roland-Garros suit ses champions : un mouvement de tête à gauche, un mouvement de tête à droite. Lors d'un de ses premiers sauvetages, Carlos, alors second capitaine, était fort impressionné par le patron du renflouement et, bon élève, notait scrupuleusement chaque détail sur un carnet, ligne après ligne. Un matin, son mentor lui a demandé ce qu'il consignait ainsi. Carlos lui a tendu le calepin. L'autre s'y est plongé :

– Passionnant, a-t-il opiné.

Et il a balancé le carnet par-dessus la lisse, avec ce commentaire :

– Dis-toi que, pendant un sauvetage, il faut que tu aies tout, absolument tout, dans la tête.

Carlos a retenu la leçon. Et c'est pourquoi il se conduit, face à Bill, en élève appliqué.

Mais l'exercice est interrompu par l'homme de quart :

– Commandant, Denis est blessé, c'est grave.

Carlos blanchit. Nous courons vers le Zodiac. Il s'informe par VHF tandis que nous revenons vers le Rosa. L'accident bête, le pléonasme par excellence. Denis, un matelot, transportait des cartons assez lourds. Pour ne pas traîner, il a négligé le principe « une main pour l'homme, une main pour l'armement ». Un colis au bout de chaque bras, il a emprunté un escalier glissant, et il est tombé lourdement sur le dos. Il a mal et ne bouge plus. L'hélicoptère de la Marine est déjà prévenu quand nous retrouvons le pont du cargo. Denis souffre, mais parvient à remuer les jambes. Du moins, il n'est pas paralysé. On balise, sur tribord, au pied du château, une aire de travail. L'hélico déchire la pluie battante et dépose, au bout d'un fil, le « plongeur », vêtu de rouge et de noir comme un diable de Jérôme Bosch, un médecin, enfin la coque dans laquelle le blessé sera entravé. Bientôt, sous le tonnerre de l'appareil invisible dont le projecteur dessine, au mur des conteneurs, un rond parfait nimbé d'une étrange lumière rose, Denis s'élève, avalé par le ciel.

Carlos, volontairement, dramatise l'accident. Armé d'un bout, il condamne l'escalier, souquant les nœuds d'un geste théâtral, puis convoque, immédiatement, tout son monde à la passerelle. L'effet qu'il recherche est double. D'abord, éviter, si possible, d'autres dégâts. Ensuite, provoquer, à chaud, l'épanchement de l'émotion suscitée. Il faut qu'on défoule sans attendre, et positivement, investissant le traumatisme collectif dans la recherche de la sécurité. Sinon, la peur et le chagrin pénétreront jusqu'à l'intime, et mineront sournoisement, à l'insu même de celui qui en subit l'effet, chacun des marins épuisés.

Nous revenons sur la Languedoc où Bill a diaboliquement perfectionné son questionnaire. Un message de l'hôpital précise, sous bénéfice d'inventaire, que la moelle épinière n'est pas lésée. Il est 3 heures du matin, l'interrogatoire reprend et durera ce qu'il doit durer. Carlos débite son catéchisme sans mollir. Christian Quillivic et moi, ivres de fatigue et de Perrier, luttons pour veiller jusqu'au bout.

Lorsque Bill, Carlos et moi retrouvons la plage arrière de l'Abeille afin de reprendre le Zodiac en direction du Rosa, aucun d'entre nous n'a plus la moindre notion de l'heure. La nuit est glaciale et opaque, le vent brutal. Encore la lisse à enjamber. Encore la grue qui nous descend jusqu'à l'eau. C'est le lieutenant, qui sert de chauffeur. Son regard, ordinairement allègre, est aussi fourbu que ses gestes. Je m'installe à l'arrière, m'accroche des deux mains. Le Zodiac rugit en décollant. Je me suis choisi une cabine sur le porte-conteneurs, grande tant qu'à faire, celle du second capitaine. Et j'y songe comme le Romain alangui songeait à Capoue. Nous apercevons la poupe du Rosa, les feux du Malabar. Le lieutenant hurle :

– Merde ! Le barrage !

– Coupe ! Coupe tout !

Carlos lui saute dessus, arrache le coupe-circuit. Le moteur étouffe, l'étrave s'abaisse, se plante dans la vague, et le Zodiac vient buter, sans trop de violence, dans le barrage antipollution, mur de boudins orangés qui cerne l'arrière du bateau pour contenir une éventuelle hémorragie de fuel. Carlos empoigne sa VHF :

– Abeille, de PC Rosa.

– PC Rosa d'Abeille, dit placidement une voix ensommeillée.

– Je veux immédiatement deux feux à éclats sur le barrage. Immédiatement !

Je ne l'ai jamais entendu parler sur ce ton. Nous avons failli mourir. Lancé, le Zodiac chavirait, et, en décembre, on ne repêchait guère plus d'un homme sur deux, dans le meilleur des cas. Mais je suis trop abruti pour le penser clairement, et plus encore avec émotion.

Dans la cabine gelée où j'ai posé mon sac, je tâtonne. Pas d'eau. Pas d'électricité. Quelques objets abandonnés en hâte, un rasoir, des chaussures. Je n'avais même pas remarqué que la bannette se trouvait en hauteur, penchée dans le mauvais sens. J'arrache la couverture, je me roule dedans, sur une sorte de canapé dur, à la gîte. Le bateau est silencieux et muet, vide. Je me cale dans l'angle de la banquette, pas question de dormir à plat. Une risée d'air et de gouttes griffe le sabord. La cervelle me tourne, confuse. J'étais parti filmer Ouessant… Bourdieu requiert-il la science pour des raisons scientifiques… ? Le plagiat serait-il fréquent chez les romanciers… ? Où donc est passé le reste du monde ?

*
* *

Ce matin, la fébrilité grimpe dans les coursives du Rosa. A la passerelle, en revanche, on affiche une équanimité que le soleil provisoire, perçant par touches, semble légitimer. Le clinomètre est à 11, mais Bill ne pavoise pas. L'association Robin des bois, groupement écologiste régional connu pour son punch et son impertinence, a diffusé un communiqué repris par la presse, dont copie nous est parvenue grâce au fax de l'Abeille. Il serait temps, disent en substance les contestataires, qu'on prenne les choses au sérieux : pourquoi les pouvoirs publics n'amènent-ils pas sur zone une barge géante équipée de grues capables de décharger la cargaison du navire, et de supprimer le danger qu'elle représente ? L'argument paraît frappé au coin du bon sens. Bill hausse les épaules :

– Si l'on déplace un seul de ces conteneurs, un seul, tu entends, je ne réponds plus de la stabilité du bateau. Cette histoire de grues, c'est la meilleure manière de finir au fond de l'eau...

Des éclats montent de l'escalier. Salvatore, le superintendant italien, est victime d'hypertension. Il jaillit, le bonnet toujours enfoncé jusqu'aux yeux, rouge d'indignation, enchevêtrant l'italien et l'anglais. Il ignore tout des grues écologistes, mais son discours est analogue. Ça traîne, gémit-il, ça traîne trop. Ou l'on fait route vers Le Havre, ou l'on décharge. Bill et Carlos manœuvrent pour le prendre entre deux feux.

– *Step by step*, dit Bill.

– Je n'appareillerai pas si je ne suis pas sûr de la stabilité du bateau, et si je n'ai pas un temps de curé, dit Carlos.

– Salvatore, *we're doing a good team together, aren't we*[2] ? dit Bill.

– Ta compagnie n'est pas en état de juger, mais toi, tu as des yeux pour voir, dit Carlos.

– *What do you want exactly, another shipwreck*[3] ? dit Bill.

– Salvatore, dit Carlos, nous ne changerons pas de méthode en cours d'opération.

Carlos s'est hissé sur le fauteuil du pacha. Salvatore lui arrive aux genoux.

– Dites-moi au moins quand vous pensez appareiller, quémande-t-il d'une voix devenue suppliante.

– Dès que le moment sera venu, répond Carlos, impitoyable.

Je sais pertinemment que Bill et Carlos ont programmé le départ pour samedi ou dimanche, suivant la météo. Mais ils ne veulent rien annoncer prématurément.

– Salvatore, insiste Carlos, tu me signes un papier stipulant que tu souhaites récupérer le navire, avec toutes les conséquences possibles à ta charge, et mon équipage débarque instantanément.

Le superintendant ramène son bonnet en arrière, se gratte le front, la mine contrite, secouant la tête. L'armement du Rosa, toutes les deux heures, doit exiger « des résultats ». Et cette petite scène moliéresque « pèse » 2 millions de dollars, au bas mot. Carlos le prend par les épaules, affectueusement. On va gagner, fais-nous confiance, répète-t-il calmement, avec, toutefois,

2. « Salvatore, nous formons une bonne équipe, non ? »

3. « Qu'est-ce que tu veux, au juste ? Un naufrage de plus ? »

une pointe d'ironie. Salvatore quitte la passerelle en traînant les pieds.

Mais Carlos a un autre souci.

– Éric est en train de péter les plombs. Il se mélange les pinceaux.

Je m'étonne. Éric, que j'ai vu travailler comme second capitaine ou second mécanicien sur la Flandre, selon les embarquements, est un homme réfléchi, énergique, scrupuleux à l'extrême.

– Justement, explique Carlos sans acrimonie aucune. C'est son perfectionnisme qui le pousse à l'erreur. Il est épuisé et il ne s'en rend plus compte. Dans un sauvetage, les vieux sont plus endurants que les jeunes. Et c'est son premier sauvetage.

Je m'étonne à nouveau.

– Moi aussi, j'ai pété les plombs, raconte Carlos. Il y a une douzaine d'années de cela, sur un vraquier échoué. Je ne dormais plus du tout, je devenais agressif, je perdais la notion des choses, j'étais obsédé par des détails. On me l'a dit, et c'était me rendre service. Je me suis isolé dans une cabine, j'ai pris une éponge et de la lessive, et j'ai nettoyé le sol et les murs, centimètre carré par centimètre carré, jusqu'à ce que je sois capable de dormir en oubliant le bateau.

Un briefing des officiers est prévu en cette fin de matinée. Éric me prend à part. Son regard est aigu, douloureux.

– Carlos est en train de péter les plombs. Il manque de sommeil.

– Tu sais qu'il soutient la même chose à ton propos ?

– Je sais. Mais il me demande de vérifier la

sonde à 7 mètres dans la cale 5, et je ne trouve que 3 mètres de profondeur. Il faut qu'il se repose, crois-moi.

Seule, l'expérience les départagera. Elle établit, tout simplement, qu'Éric se trompe de cale, et sonde à côté. Il reçoit l'ordre d'aller récupérer sur l'Abeille. Il est amer, il se sent brimé. Mais Carlos et lui ont beaucoup de milles à tailler ensemble. Sans compter les milles qu'Éric taillera tout seul, quand il sera commandant, à son tour.

Le clinomètre affiche 10 degrés. La partie est potentiellement gagnée. Le reste, le convoyage, est affaire de prudence, de refus d'accélérer en vue du port. Je décide de quitter le navire, ayant appris l'essentiel de ce que je souhaitais apprendre : le plus spectaculaire, en mer, ce ne sont pas forcément les grosses vagues. Auparavant, Carlos et moi sommes invités à déjeuner sur le Malabar, un vrai déjeuner, avec des frites. Et, pour la première fois depuis Ouessant, il s'accorde une sieste dans la cabine d'Olivier, au chaud, après une douche. Je salue l'efficacité militaire : l'espace d'un somme, ses vêtements sont lavés, séchés, repassés. Tant de confort me sert de transition vers la vie civile, celle qu'on dit « vraie ». Je vais retrouver ma maison, avec une douche, et une machine à laver.

Je prends congé de Christian Quillivic, range la caméra et les cassettes *masters*, garde ma salopette orange et mes bottes jaunes pour débarquer. Il pleut tant sur le quai gris que je renonce à me changer avant de m'installer au volant. Lorsque j'arrive à Paris, hagard, et dans cette tenue, je suis accueilli, sous les rires, comme un Martien pacifique – et c'est bien ce que je suis. A la télévision, un ministre s'interroge sur l'art de redresser les comptes de la Sécurité sociale. J'ai envie de lui souffler : *step by step.*

Le dimanche suivant, le Rosa M, avec 7 degrés de gîte, franchit les passes du Havre, confié par l'Abeille Languedoc aux remorqueurs portuaires. Pas un conteneur n'est parti à la mer. Tandis que les officiels, les assureurs, les courtiers, les journalistes patientent sur le quai, l'équipe de sauvetage, sans abaisser la coupée, s'accorde à la passerelle une tournée de champagne. Entre soi. Bill n'est pas là, il est à l'hôpital, en soins intensifs : au tout dernier moment, il a été victime d'un infarctus, mais il se remet. Carlos, enfin, descend avec ses compagnons, rend au directeur d'exploitation le téléphone portable qui lui avait été prêté, et va s'enfermer dans une chambre d'hôtel. Avant d'aller saluer Bill et Denis, avant de se saouler comme un collégien, et de chanter, et de raconter n'importe quoi d'autre entre vieux copains, il s'isole trois jours durant et rédige minutieusement son rapport, à chaud, pendant que tout est dans la tête. Ses vacances ne sont pas prolongées. Il touchera une prime, dans un an ou deux, quand le dossier sera refermé.

Nadine, à la veille de Noël, me dit au téléphone que son mari dort mal, crie dans son sommeil, renouvelle un cauchemar qui semble le poursuivre. J'inscris cela au compte du décalage, de la pression qui se relâche. L'existence, sur le Rosa, était suspendue, hallucinée. Je comprends cette sorte d'ivresse qui a saisi Éric et il est probable que, si j'avais été impliqué de façon responsable, j'y aurais succombé. Carlos a plus d'endurance. Des renflouements de toutes sortes, deux pétroliers en Algérie et à Pauillac, des grues sur barge devant la côte de granit rose, un vraquier près de Dunkerque, un navire chargé d'éthylène en feu, un bâtiment militaire à Djibouti, il commence à en avoir vécu quelques-uns. Mais, cette fois, il était en toute première ligne, tenant le rôle du fusible.

Telle est mon interprétation – raisonnement de bon sens. Mais elle n'est pas juste, elle n'est pas assez fine. Peu de temps avant mon arrivée à bord, Carlos a travaillé sur l'immense cale numéro 1, celle de l'avant. 8 000 tonnes d'eau devaient être canalisées. L'équipe a installé une pompe Framo, à très fort débit, et en a préparé une seconde, prête à démarrer. Et la tactique retenue fut de libérer un panneau afin que l'eau se déverse dans le volume soigneusement rendu étanche. Carlos prend un bout, libère cinq des six taquets du panneau, fait un nœud de cabestan sur le sixième, et recule, dans le noir, jusqu'à l'entrée du corridor, en surplomb. Il tire un coup sec, le panneau cède, l'eau s'engouffre avec une violence inouïe. La pompe immergée est à l'œuvre. Il ne peut s'empêcher de regarder ça. Et le bout se prend dans la pompe qui l'aspire aussitôt. Et Carlos est emporté par la demi-clé que fait le cordage autour de sa jambe. Il pense qu'il va mourir broyé et noyé. Dans l'instant où il le pense, le remous sous-marin le délivre au lieu de le ligoter. Il barbote, se traînant, vers l'escalier, sort trempé du corridor, ne donne aucune explication aux hommes, et reprend le travail. L'erreur fut d'être seul.

– Pourquoi ne pas m'en avoir parlé sur le Rosa ?

– Parce que j'étais pris par autre chose. C'était une péripétie, c'était derrière, je croyais m'en être débarrassé.

(Tout jeune lycéen à Casablanca, Carlos – cela me revient en la circonstance – s'est passionné pour la spéléologie sauvage. Avec une poignée de camarades, il descendait dans des grottes pratiquement inconnues, équipé de façon plus que rudimentaire, découvrant des vestiges dont les scientifiques se sont emparés plus tard. Lors d'une exploration, il est resté prisonnier d'un boyau, ne pouvant avancer ni reculer. Ses amis, paralysés de terreur, ne savaient quels secours réclamer. A force de contorsions, au bout de plusieurs heures souterraines, il s'est libéré lui-même. Sa mère n'en a jamais rien su.)

La peur est revenue bien après. Au chevet de Bill et de Denis. A l'enterrement de Michel, un collègue de l'Abeille portuaire, foudroyé par un arrêt cardiaque en pleine manœuvre. Agir, avec tout le plaisir d'agir, de se savoir vivant, produisant un résultat, s'entourer de méthode, de ruses, s'armer de patience et de choix, cela vous vaut, quand même, une récompense : cela remet la mort à plus tard.

4

Furie de temps

« Tous les jours, toute l'année. » C'est la mission et le slogan de Charles Thierry, cheville ouvrière de la Penn ar Bed. Charles occupe des bureaux, face à l'Abeille, de l'autre côté du premier bassin. Mais c'est un fils du vent, un marin, avant d'être un chef de gare. Ses capitaines, qu'il envoie quotidiennement vers Molène, Ouessant ou Sein, l'aiment ou ne l'aiment pas, approuvent ou n'approuvent pas ses convictions très libérales. S'il s'agit de mer, ils parlent la même langue. Avant d'être leur patron, il est l'un d'entre eux. Les yeux bleu pâle, le visage sillonné de ce qu'on nomme, dans les magazines féminins, des rides d'expression, le whisky généreux et l'humour dispos, Charles est une des figures majeures du « porco » dont il connaît les moindres anecdotes – le problème, dit-il gravement, n'est pas de savoir qui couche avec qui, mais pourquoi.

Il existe, sans doute, plusieurs façons de le mettre en colère. Mais l'une d'entre elles est infaillible. Un soir de détente, un soir où l'on trinque joyeusement avec des compagnons molénais – qui se plaignent, comme d'habitude, du coût des passages, à quoi Charles réplique, comme d'habitude, que les passages ont un coût, surtout quand des touristes locataires s'arrangent pour bénéficier du tarif « îliens » –, bref, un soir « 5e ouest », glissez, au détour de la conversation, d'un ton léger, le regard oblique : « Tous les jours, toute l'année, *sauf exception...* » Charles Thierry plonge dans vos yeux ses yeux bleus, vous regarde comme Guillaumat regardait les contempteurs de l'Aéropostale, et n'ose penser que vous ne plaisantez pas. Il a les meilleurs capitaines sur les meilleurs bateaux, Guillaumat avait les meilleurs pilotes sur les meilleurs avions. Ce qui doit passer passera. Essayez : à tous les coups l'on gagne. D'autant qu'il a raison, Charles Thierry. Chez lui et les siens, le service de la ligne est un impératif catégorique.

Samedi 3 janvier. Depuis deux jours, Ouessant est coupée du continent. Les traversiers, l'Enez Eussa et le Fromveur, seraient probablement capables d'affronter la furie de temps qui balaie la côte, mais « à blanc », sans passagers. Devant la pointe Saint-Mathieu ou bien à hauteur de Molène (pas question de s'y arrêter, l'escale est déjà périlleuse dans le clapot), on risquerait de casser du tibia et du fémur, sans compter d'autres désagréments. Les touristes du réveillon, cinq cents personnes, sont bloqués là-bas ; les enfants se régalent, ils vont manquer l'école pour une excellente raison, les parents sourient moins et réclament à la mairie une attestation tamponnée destinée à l'employeur. Une attestation de tempête. Et même d'un peu plus. Ce qui souffle là, un bon force 10, n'est pas sans précédent, loin s'en faut. L'extraordinaire est que ça dure au lieu de filer en une nuit. La mer s'est formée, elle a pris son élan, chaque jour qui se lève lui donne un peu plus d'énergie, et, maintenant, on a l'impression que rien n'arrêtera ce balancier enragé, qu'il montera plus haut, toujours plus haut, jusqu'à défoncer ce qu'il reste du rocher.

Ce samedi 3 janvier est jour de relève pour Carlos et Dominique, le lieutenant. Accessoirement, pour moi aussi. L'Abeille est au Stiff, et il n'est pas question qu'elle abandonne son territoire. A nous de la rejoindre. Plus de bateau, nous appelons Finist'air. Le Cessna Caravan reste opérationnel. Nous décollons nez au vent, nous montons au ciel ballottés par les grains, et c'est somptueux. Car cette tempête est lumineuse. Noire ici, bleue là-bas, dorée ailleurs – cela me rappelle l'Islande où, en vingt minutes, une dépression complète vous traverse, neige, éclairs et soleil inclus. C'est dans les livres, ou à Hollywood, qu'on voit en sombre les grandes tourmentes. Ici, la pluie et la grisaille ne sont que préliminaires. Quand le tourbillon est à pleine force, l'horizon se découvre en couleurs et en majesté. A cette hauteur, les creux sont effacés. Sous l'avion, la mer est verte, blanche sur la chaussée de Molène, verte à nouveau devant le Stiff où l'Abeille est au coffre. La pointe de Bac'haol est noyée dans le ressac. Nous descendons vers la piste d'atterrissage, sur la falaise, dominant le remorqueur. Carlos a tout juste le temps de croiser son homologue, Nicolas, qui court vers l'avion prêt à repartir.

Dix minutes plus tard, nous sommes à bord. Et dix minutes plus tard, nous appareillons. J'aurais aimé saluer respectueusement le cuisinier-directeur-général, Charly, Jean-Marc, Lionel et toute la troupe. Mais c'est ainsi. Un bateau suédois transportant du méthanol, l'United Nelly, s'est traîné à l'ouest d'Ouessant, descendant vers la chaussée de Sein, puis a stoppé, en avarie – une vanne de fuel, dit-il. Le CROSS est inquiet : cette nuit, le même navire, pourtant récent, a connu un problème de carter, et n'est reparti que très lentement. Il annonce qu'il aura réparé dans une heure. Mais, vu les circonstances, il faut y aller, immédiatement, par précaution.

Quatre moteurs. A la passerelle, Guitou, rayonnant, nous accueille comme des morts vivants. Juste après notre atterrissage, dit-il, l'anémomètre s'est emballé d'un coup, brièvement, mais avec une violence extrême, jusqu'à 60 nœuds, peut-être. Je lui réponds que nous sommes sous la protection de sainte Anne. Le doute m'habite, glousse-t-il, vous étiez sous la protection de saint Cessna… Nous débordons Men Korn et piquons vers le Fromveur. Et nous sommes dedans, vent contre courant, plein pot. En vingt secondes, la passerelle est submergée, la proue soulevée par les ruades du grand torrent. Qui plus est, le soleil donne, un soleil blond, incisif, un soleil de chien. Nous ne voyons plus la mer, ni les tonnes d'eau qu'elle nous expédie, nous recevons dans la gueule une avalanche de lumière qui explose en nous éblouissant. Dominique a chaussé des lunettes noires, entre tonton macoute et Blues Brothers. Carlos l'imite. Je n'ai pas pris les miennes, j'avais de janvier, en mer d'Iroise, une image trop conventionnelle.

Les vagues sont fortes mais courtes, et le bateau, lui-même ramassé, en chevauche deux à la fois. Si bien qu'il se dresse, amorce une plongée, se cabre une seconde fois, et bascule pour de bon, s'enfonçant d'un tiers dans le corps de l'ennemi. Je mets en marche les essuie-glaces, ils dégagent assez d'écume pour nous donner à voir le ballet du mât avant, oblique, tantôt d'un bord, tantôt de l'autre – à trop le fixer, l'estomac risque de danser avec lui un tango chaviré. Le son du vent est masqué par le torrent spasmodique, par l'ébranlement liquide suivi d'un ruissellement qui n'a pas le temps de s'accomplir avant le prochain coup de bélier. Dominique fait la route. Carlos, à la radio, dialogue avec Ouessant Trafic. Sur le radar, les échos des vagues emplissent l'écran et il faut réduire la sensibilité, ramener l'information à sa capacité minimale, pour disposer de repères sérieux. Le canal 16 annonce un bulletin météorologique spécial : non seulement la tempête ne devrait pas décroître, mais une dépression force 11 est à suivre pour cette nuit, et demain.

– Si c'est comme ça, dit Guitou, je vais avaler un morceau et m'offrir une petite ronflette.

Carlos descend en sa compagnie. Le lieutenant et moi demeurons seuls à la passerelle. Le ciel, à présent, s'assombrit. Un grain noir, noir comme l'âme de Guitou, arrive du noroît. Le CROSS nous avertit que le méthanier a remis en route, mais tout doucement, et souhaite que nous l'escortions jusqu'à la chaussée de Sein. Dominique enlève ses lunettes. Nous sommes dans la nuit, à présent, mitraillés par la grêle. Depuis la sortie du Fromveur, depuis que nous avons laissé la Jument à tribord, la houle est plus ample, le bateau monte plus haut, dévale plus profond, mais en cadence. Le moment étrange de ce manège rythmé est celui où la passerelle, sur la crête, reste suspendue : on a l'impression que tout s'arrête, qu'une lenteur soudaine freine les éléments, que le paysage – ou plutôt le contour noyé qui nous en est offert – se fige comme une toile de Tanguy, et puis l'Abeille s'effondre, les ballasts cognent.

– J'aime ça, dit Dominique. Faut que ça remue un peu.

Nulle pointe de défi dans le propos. Dominique est un garçon calme, un bon marin raisonnable, consciencieux. En tenue, au dehors, quand il a enfilé sa combinaison de lieutenant, il porte à la ceinture un couteau redoutable, un sabre capable de trancher filin ou cordage en urgence. Mais cet homme-là, rapière ou non, déteste prendre la pose. S'il déclare aimer l'action, c'est qu'il aime l'action, voilà tout. Il prépare le brevet de capitaine côtier, pour trouver un embarquement plus proche des siens et de ses chers marais salants. Mais la haute mer lui manquera.

Jean-Paul, en grande tenue, seule manque la toque, surgit et nous apporte des sandwichs plantureux car c'est l'heure de midi. La VHF répète son bulletin spécial.

– Ah ! dit le camarade cuisinier, je crois que les conditions sont réunies pour un couscous royal.

Il perd l'équilibre au milieu de son rire, et atterrit dans les bras de Carlos qui revient aux nouvelles. L'équipage est joyeux. La furie du temps lave les miasmes de la vie à quai, apure les petits contentieux, les jalousies personnelles ou corporatives. Cette fois, c'est sûr, nous sommes vraiment sur le même bateau.

L'United Nelly est devant nous. Ses cuves doivent être quasi vides, car il est très haut sur l'eau, offrant au vent une prise démesurée. C'est une grosse bête toute bleue, qui roule effroyablement. Le mystère de ses pannes n'est guère insondable : par mer très forte, les bâtiments lèges (à vide) sont dix fois plus secoués que les autres lestés par leur cargaison. Et leur fuel, agité, rendu mousseux par la balançoire marine, expédie des bulles d'air dans les injecteurs. Parfois, le méthanier se vautre, couché au creux de la lame. Parfois, il se retrouve juché sur une colonne d'eau, et le soleil revenu frappe comme un miroir son flanc inondé.

– J'ai lâché ma fusée, avoue Carlos.

Il est vrai que nous avons été pris de court. Une mauvaise nuit à terre, craignant que la relève ne soit manquée. Une traversée de vingt minutes, sur un nuage. Et puis l'appareillage, pas même le temps d'ouvrir un sac, de serrer les mains ou de boire un jus. Bizarrement, mon estomac ne proteste pas. Peut-être parce que l'excitation le cale. Peut-être aussi parce que je m'applique à filmer, et que cette occupation, assez acrobatique de tous points de vue – équilibre ou réglages –, m'absorbe trop pour que mes viscères me dérangent. Je suis calé entre la vitre et le pupitre de commandes, les paquets d'eau m'éclatent littéralement dans l'œil. Carlos m'a confié, une nuit, qu'il avait trouvé un bateau de marine marchande assez agile pour lui procurer autant de plaisir qu'un voilier, l'estampille « tous temps » en plus. C'est exactement ça.

Nous nous éloignons d'Ouessant. L'United Nelly a un peu accéléré sans perdre de cap. Carlos est partisan de rebrousser chemin pour ne pas trop s'éloigner du rail, et appelle le COM afin de préconiser cette option. Il est entendu. Je me rappelle lui avoir demandé si, à ses yeux, l'amiral Le Dantec, le préfet maritime, était d'abord un affréteur, un supérieur hiérarchique, ou bien un marin avec lequel il entretient des rapports de marin à marin.

– D'abord un marin, a-t-il répondu, sans hésitation aucune.

Et j'ai posé la question symétrique à l'amiral Le Dantec, dans son centre d'opérations, sous le château de Brest.

– D'abord un marin, a répondu le « Prémar », sans hésitation aucune.

Sur deux moteurs, et avec la renverse, le retour est moins brutal. Et le paysage nous est restitué. Ouessant est prise dans un halo d'écume, les nuages la survolent à toute vitesse, la piquant de trouées claires. Le front chaud s'éloigne, le vent va provisoirement mollir, pas assez pour que la mer s'apaise. Nous retrouvons notre coffre. La jetée du Stiff, ordinairement déserte entre deux navettes, est noire de monde, touristes aux aguets. Et, sur les sentiers des falaises, des silhouettes incurvées font le dos rond sous les rafales. Ce soir encore, le traversier ne passera pas. Et, vu ce qu'on nous prédit, demain non plus. Un record. Grâce au ciel, si j'ose dire, Charles Thierry n'est pas adepte du hara-kiri.

A la télévision, il n'est question que de toitures arrachées, de pluies diluviennes, d'îliens bloqués. Et nous, ma foi, dans l'attente du pire, nous voici au chaud, partageant un pot. Le salon de l'équipage est bondé, les frontières sont abolies, on trinque à l'an nouveau, un sacré millésime qui commence fort. Jean-Paul, je ne sais comment, a préparé des petits-fours. Et la conversation roule sur la marine ancienne qui n'est pas si loin ni si vieille, à l'époque où les armateurs armaient et où le chômage était inconnu.

– Moi, lance le cuisinier-directeur-général, je soutiens que l'armement français a manqué de courage, et que certains syndicalistes ont réagi à courte vue.

Le public est globalement d'accord, mais n'a nulle envie d'engager un débat de fond.

– Si vous préférez du pain et des jeux, tranche Jean-Paul, je vous reconnais bien là. Comptez sur moi pour le pain. Pour les jeux, je suis sûr que vous n'avez besoin de personne !

Et la conversation devient franchement légère.

Tu te rappelles les deux lascars, au Brésil, qui avaient parié qu'ils toucheraient les couilles de Pelé ? Ils sont allés au stade avec des fausses cartes de presse, ils ont dégoté les vestiaires, ils ont gagné leur pari et ils ont fini en taule. A propos de couilles, tu te rappelles celles du cheval, à Montevideo ? Mais si : la statue équestre du général Artigas, le père de la patrie. Le bosco les trouvait rouillées, et il leur a collé un coup de minium, une nuit, en pleine dictature, on a dû les décaper et je parie qu'elles brillent encore. A propos de dictature, tu te rappelles le commandant qui avait planqué un Chilien, sous Pinochet, et qui l'a ramené à Gênes, clandestin, en lui donnant du fric pour qu'il se débrouille ? A propos de fric, tu te rappelles comment on se payait les escales en avitaillant du parfum et du whisky, et en revendant ça trois fois le prix aux douaniers de Bahia ? A propos de Bahia, tu te rappelles l'épidémie, au retour ? On a croisé un autre bateau de la compagnie, au milieu de l'Atlantique. Le commandant a salué notre Vieux en lui disant : « Nous sommes en plein tournoi de bridge... » « Nous, nous sommes en plein tournoi de chaude-pisse », a rétorqué le Vieux...

C'est parti. « Je vous parle d'un temps... », chanterait Aznavour. Je vous parle d'un temps où les escales étaient fréquentes, et longues, où l'on déchargeait grâce aux moyens du navire, où les ports n'étaient pas des « zones », où l'on ne voyait pas seulement des vagues, mais du pays. Je vous parle d'un temps où Guitou embarquait une guimbarde sur son cargo, et, de l'autre côté, s'en allait huit jours découvrir Madagascar ou l'Argentine, à fond la caisse. Je vous parle d'un temps où régnaient le compagnonnage et le pittoresque. Un temps révolu.

– Moi, objecte Charly, j'ai aussi des mauvais souvenirs. Cent quatre jours de mer, tu doublais le Cap sans même le savoir, tu t'arrêtais à Fos sans t'arrêter, et tu repartais. On avait la télé et des salles de ping-pong, mais ce qu'on s'emmerdait, ce qu'on s'emmerdait...

– Je lisais, dit Jean-Marc. En mer, il faut savoir se retirer.

– Le plus dur, reprend Charly, c'était le *tramping* entre l'Australie et Durban. Tu es là, avec ta cargaison, tu ne sais pas où tu vas, tu ne sais pas combien de temps ça durera, ni quand tu débarqueras, tu attends que l'armateur ait pris sa décision en fonction de la demande, des cours.

– C'est vrai. Faut pas tout enjoliver, enchérit

Lionel, même si on a bien rigolé. Sur la plupart des bateaux, il y avait cinq carrés. Cinq ! Le salon du commandant et du second. Le carré des officiers. Le carré des assistants, bosco et compagnie. Le carré des maîtres. Et le carré des graisseurs, des matelots, et des garçons de service. Pour l'esprit de famille, tu repasseras !

– Avez-vous remarqué, intervient Jean-Paul, que les délégués syndicaux se recrutaient le plus souvent parmi les cuisiniers ou les radios, c'est-à-dire ceux qui ne pouvaient pas monter en grade ?

– Si tu veux nous convaincre que tu es un animal à part, pas besoin de te défoncer, rigole Lionel.

Dominique sourit mais parle peu. Il a descendu son accordéon diatonique et joue *Mon amant de la Saint-Jean,* sans appuyer, sans s'imposer, juste pour que l'arôme de fête nous enveloppe. On l'applaudit et Carlos glisse dans le lecteur son disque favori, un disque d'amateurs très éclairés, la bande à Guillemer, qui chantent « marin » sans *Paimpolaise* ni intégrisme :

Goélands, goélands
Rendez-nous nos amants
Et vous les albatros
Touchez pas à leurs os...

La voix rauque d'Hervé Guillemer impose le silence. Nadine a l'habitude de souligner que cette chanson-là, du moins, n'oublie pas les mots et les chagrins des femmes.

Charly se lève :

– Je vais aller coucher mon corps de gazelle...

La météo de 22 h 30 confirme l'avis de « violente tempête ». Anglais et Français, pour une fois, sont absolument d'accord sur le pronostic. L'Abeille, mouillée par l'arrière, tire sur le coffre : la tonne géante se soulève, nous sommes à quelques dizaines de mètres des rochers, il va falloir être vigilant, et prêt à appareiller très vite si nécessaire. L'anémomètre indique 55 nœuds. Il pleut des hallebardes. Un sauvetage en vue ?

– Cette nuit, je n'y crois pas, dit Carlos. Tout le monde est prévenu et a eu le temps de se rentrer, ou de filer au large.

– *Mayday Mayday Mayday*, prononce lentement, sur les ondes hectométriques, une voix rendue impersonnelle par la distance et le brouillage.

Le matelot de quart a déclenché l'enregistrement.

– *Mayday Mayday Mayday*…

C'est un gros chalutier, il craint un naufrage imminent, nous ne comprenons pas pourquoi. Il donne sa position.

– Ils sont à 400 milles, en plein Atlantique, dit Carlos. Nous ne pouvons rien pour eux. J'espère qu'il y a du monde dans le coin.

Rien n'est moins sûr. Nous allons nous coucher.

*
* *

A la boulangerie de Lampaul, ce dimanche matin, l'animation est imprévue. Les touristes font la queue, les hôteliers, débordés, manquent de pain et téléphonent anxieusement (le bruit circule que les pêcheurs de Molène, dont la vedette de sauvetage est particulièrement robuste, ont traversé hier jusqu'au Conquet, ni vu ni connu, pour se fournir en baguettes fraîches : leur île n'a plus de boulanger). Et les femmes du bourg protestent contre Éole :

– Du vent comme ça, je peux plus, Annick, j'en ai la tête qui siffle.

– Même quand il pleut plus, je sors pas le linge. Y a de l'écume plein le jardin...

Démocrate sincère, je prends la queue comme tout le monde, mais l'uniforme orange, les bottes, et le nom du bateau en travers des épaules trahissent mon appartenance et me valent un régime de faveur. Je suis invité à doubler la file, la commande sera honorée, sans restriction.

– Laissez passer, c'est pour l'Abeille.

– Mon pauvre gars, sortir par un temps pareil...

Avec la simplicité des vrais héros, mon sac enfariné dans les bras, je tends la petite monnaie. On me la refuse.

– File donc !

Michel Berthelé, qui me sert de taxi, attend dehors, moteur allumé. J'ai une peur bleue que le bateau appareille sans moi – et je soupçonne fort l'ami Carlos de m'envoyer aux courses parce que je suis, à bord, le moins indispensable.

Mais non. Les cheminées du remorqueur oscillent, derrière le môle, et Charly patiente, au volant du Zodiac. Le ciel est argenté, traversé de grains brefs et furibonds. Le vent est tel que nous ne pouvons pas parler entre nous, que nous n'entendons presque plus le hurlement du moteur. Le noroît vocifère sans relâche, sans reprendre son souffle, et le bateau malmène le coffre à l'arracher.

La matinée, sur la VHF, a pourtant été calme. La prédiction de Carlos s'est vérifiée. Les bateaux fragiles, les petits caboteurs, les pêcheurs côtiers sont restés à quai ou ont cherché l'abri. Les autres, les mastodontes, taillent leur route le plus à l'écart possible des côtes – car le danger, c'est la terre. Ils souffrent, assurément, ils sont obligés de ralentir, ils avertissent l'armateur de ce contretemps regrettable, mais ils ne jouent nullement leur peau.

Jean-Paul, comme promis, a préparé dès l'aube le couscous royal, aussi royal qu'est républicain son créateur. Avant le petit déjeuner, je suis descendu le rejoindre pour ma session de formation quotidienne. Courbé sur l'évier, il lavait, un à un, les ingrédients requis.

– Est-ce qu'il t'arrive d'avoir peur en mer ? lui ai-je demandé.

– Peur en mer ?

Il a suspendu son geste. Et sa voix était étale, technique, guère plus émue que si je l'avais interrogé sur le beurre blanc ou l'étuvée de poireaux.

– Non, voyons. Si tu as peur en mer, tu ne fais pas ce boulot.

L'évidence même. Il s'est remis à la tâche, secouant la tête – drôle de question.

Il est un peu plus de midi. Nous allons rendre hommage au couscous tant annoncé. Carlos vient d'achever son quart et descend. Dominique le rappelle par l'interphone :

– Il y a le feu au lac !

C'est un pétrolier, un Maltais. Il est lège, il reçoit le vent sur bâbord, il était dans la voie montante et le voici qui dérape, qui chasse vers l'île. Exactement comme l'Olympic Bravery, deux décennies plus tôt. L'homme de quart, au CROSS, semble pris de court, il bégaie un peu.

– Est-ce qu'il est en panne ? demande Carlos.

– Non, il a de la machine. Mais il se rapproche de la côte.

Carlos adresse à Guitou un petit mouvement du menton. Les mots ne servent à rien. On y va. Pendant que le chef presse les boutons, décroche son téléphone blanc, le commandant appelle le sémaphore du Créac'h.

– Vous le voyez ?

– Oui, on l'a en visuel.

– Il avance ?

– Il avance, il avance, mais il dérive sur nous.

– Je te remercie. J'appareille.

Le combiné Gsm d'une main, le combiné VHF de l'autre, Carlos parle en même temps au COM et à Ouessant Trafic. Il repose les deux appareils, crie dans l'interphone :

– Lionel ! Branle-bas !

Le bosco est déjà dehors avec son matelot, paré à larguer. Je regarde l'anémomètre : il est bloqué, au-delà de force 12, au-delà de ce que les instructions nomment un ouragan. Et nous sommes sous la falaise. Les rafales doivent atteindre 150 kilomètres à l'heure. Concernant l'état de la mer, nous ne possédons qu'une indication : une sorte de barre blanche sectionne l'horizon, comme au large des atolls coralliens. Et les rochers aigus, les dagues noires qui hérissent la pointe, se diluent dans une fumée marine, dans un brouillard de mer levé par le vent.

– Putain ! Les fauteuils du carré ! dit Carlos à Dominique.

– Jean-Marc s'en occupe.

En bas, le second maître est en train d'encorder le mobilier, pendant que Jean-Paul range et saisit la vaisselle. À la machine, les *thrusters* sont lancés.

Nous ne comprenons pas pourquoi Ouessant Trafic ne nous a pas avertis plus tôt. Le pétrolier est quasiment sur l'île. Il était suivi au radar. Et nous, à l'autre extrémité, dans notre niche, n'avions aucune chance de pressentir le danger.

– C'est dimanche ! observe Guitou, rageur.

L'Abeille fait route, longeant la balise de Gorlé Bihan, la dernière avant la pointe, avant la côte nord. Nous fonçons à la rencontre du navire fou. Son commandant, apparemment, n'a pas conscience qu'il court à sa perte.

– La branlée qu'on va ramasser ! prophétise Carlos.

Il n'a pas fini sa phrase que nous y sommes. Les langues vertes de l'océan lèchent l'étrave avec une gourmandise assassine, ses bouches refoulent et aspirent le bateau. Je n'avais jamais vu ça et je n'en avais aucune prescience. Sur notre gauche, les îlots Bouyou Glaz et Cadoran sont transformés en volcans qui crachent jusqu'au ciel une lave blanche. Les roches affleurantes, les pires, provoquent un renvoi de côte : la mer se replie sur elle-même, les déferlantes s'étirent d'abord et puis s'enchevêtrent dans un dérèglement homérique. L'Abeille est le seul bateau capable d'être là, si près de la mort, sans mourir.

Le pétrolier, qui s'appelle Capria ou Capraia, semble-t-il, devine-t-il ce qu'il frôle ? Il a dû vouloir se mettre cul à la lame pour moins rouler, mais il a sous-estimé la pression que le vent exercerait sur son flanc, a ignoré la puissance du courant, et il n'arrive plus à remonter.

– Il part comme un pet sur une toile cirée ! tranche Guitou.

Nous le devinons au loin. Sans carte marine, sans carte des sondes, on croirait qu'il déborde Ouessant et l'île de Keller, entre Cadoran et Créac'h. Mais la carte est impitoyable : Keller est prolongée par une chaussée sous-marine, un semis de crocs invisibles.

– Il y va, ce con. En plein dessus. Il n'y a pas que Papon qui mérite un procès, dit Guitou, cramponné à la main courante.

Carlos se tait, absorbé par sa navigation fine, le plus vite possible, au plus serré. Et son mutisme signifie qu'il pense la même chose : c'est foutu, ce bateau va s'éventrer, cet équipage va périr. Il se tait, aussi, parce que rien ne sert de hurler, de céder à l'hystérie ou au dépit. Si ce commandant possédait l'art de naviguer... Si le CROSS s'était réveillé plus vite... A quoi bon ? Lionel, Charly, Jean-Paul et bientôt Jean-Marc sont avec nous, à la passerelle, les yeux braqués sur la coque noire, lointaine, qu'on distingue, brouillée, entre deux plongeons. Dominique, lui, court du radar à la table à cartes. Le remorqueur, ce n'est pas une machine habitée par un équipage, c'est un cercle d'hommes, et la machine au milieu.

– Qu'est-ce que tu veux qu'on fasse làdedans ? soupire Guitou.

A l'approche du Capraia, les fonds remontent, la mer n'est plus rythmée par le défilé des crêtes, nous sommes pris dans un bouillonnement général, une effervescence universelle. Les tuyères nous fraient un chemin dans le chaos fluide. A bâbord, Créac'h, le plus puissant feu des côtes françaises, 10 millions de candelas, Créac'h tangue, chavire, s'estompe et surnage, infime tourelle protestataire. Les Ouessantins, à la jumelle, au télescope, à la VHF – dans les salles à manger, là-bas, la radio maritime côtoie le poste de télévision –, suivent la bataille et se disent que, ça y est, ça recommence.

– Il gagne, quand même, il gagne un poil ! observe Dominique.

Le Capraia se débat, assailli de partout. C'est un grand navire, trois fois long comme l'Abeille, mais avec son hélice unique, et son inertie de bête ankylosée, ce n'est plus qu'une masse dérivante, privée de liberté. Ouessant Trafic lui demande de corriger le cap, de grignoter quelques degrés vers le nord, pour contourner la chaussée de Keller. Impossible, il est prisonnier, il suit son cours, il fallait réfléchir plus tôt. A la jumelle, en grandes lettres sur le fronton du château, dérisoires, nous déchiffrons l'inscription rituelle *Safety first.*

Guitou connaît le métier par cœur. Il a raison : « là-dedans », en principe, il n'y a plus rien à faire, sinon assister au naufrage et tenter de récupérer les survivants. On ne passe pas une remorque comme on lance une bouée couronne. Il faut du temps, il faut de l'espace, il faut le loisir d'effectuer une présentation, vent arrière. Et nous sommes à 1 ou 2 milles des brisants. N'empêche. Le silence persistant de Carlos est l'indice d'une rumination accélérée. On tentera quelque chose, l'impossible. On se mettra en danger pour ce bateau perdu. Et personne, sur la Flandre, ne refusera d'y aller. Les marins qui suivent le Capraia des yeux, à la passerelle, sont étreints par l'idée que d'autres marins vont vers la mort. Mais cette compassion inclut une autre idée : pareille hypothèse met en jeu, peut-être, leur propre vie.

– Il passe ! certifie Dominique, penché sur la table à cartes.

– Il passe ?

– Oui, il passe.

Il passe à un mille des cailloux, il a la chance du siècle, cet abruti, et il ne sait même pas, si ça se trouve, qu'il est sauvé, ni d'ailleurs qu'il était à l'agonie. Il effleure Keller, la Manche est à lui, le courant va délacer ses rets. A la passerelle, on expire d'un coup, on relâche le souffle. Jean-Paul se place dans le dos de Guitou :

– Ne bougez pas, chef, un paquet de mer pourrait briser le carreau !

Même l'agressé rit. Jean-Paul enfonce le clou :

– C'est vrai, il faut pouvoir compter sur ses amis…

Seul Carlos ne bronche pas. Nous sommes, maintenant, juste derrière le pétrolier, encaissant la vague par la poupe. La mer est grosse, mais plus régulière. Je m'étonne que le commandant n'exprime pas, lui aussi, son soulagement. Au demeurant, Dominique n'a pas non plus baissé la garde. C'est à lui que s'adresse Carlos :

– Tu vois où il va ?

– La basse de Portsall.

Carlos appelle Ouessant Trafic. Le Capraia n'est pas au bout de son délire. Plutôt que de remonter au vent, de donner un coup de barre à bâbord, ce qui serait possible maintenant qu'il est dégagé d'Ouessant, il continue sur son erre, et s'apprête à raser le continent. Pas n'importe où : après avoir imité l'Olympic Bravery, il met, très exactement, le cap sur l'épave de l'Amoco Cadiz. Et s'il n'infléchit pas à temps sa trajectoire, il connaîtra le même sort. Carlos demande au CROSS d'intervenir.

–*You are running again to danger*[1], scande la voix d'Ouessant Trafic.

Le Capraia répond évasivement, et ne change pas de route. Je sors l'observer du balcon, sous le vent. Les lames, bien qu'il soit très haut, réussissent à l'escalader jusqu'au pont, et le balaient de part en part. Il surfe sur les crêtes, dévalant en biais, se plantant dans les creux.

A l'anxiété succède l'indignation. Carlos prend directement les choses en main, contacte son collègue, très technicien, très neutre, ne trahissant ni mépris ni rancune. Il ne lui fait pas la leçon, il ne le menace pas, il l'informe, d'égal à égal. Dans moins d'une heure, il sera trop tard pour éviter la catastrophe, Portsall aspirera le Capraia comme l'aspirait Ouessant.

– Mais j'ai une bonne carte ! répond l'autre.

Oui, une excellente carte, au 1/200 000e, une carte où ne figurent ni la chaussée de Keller, ni la basse dans le noroît du phare de Corn Carhai, le dernier phare qu'ont aperçu, avant l'échouage, les hommes de l'Amoco Cadiz. Il ignore, le Maltais, que le jusant le rabattra vers les écueils. Il ignore et ne veut pas savoir. Petit à petit, patiemment, Carlos s'applique à éveiller, chez lui, la peur. Assez pour qu'il cède, pour qu'il reprenne

1. « Vous allez de nouveau au-devant d'un danger… »

8 degrés. Ce sera moins confortable, mais il survivra. Il cède en tâchant de sauver la face. Il nous remercie, comme si Carlos lui avait indiqué un bon coin pour la pêche au maquereau. Et il en remet. Et il nous souhaite la bonne année, à nous, à nos femmes, à nos enfants, à nos petits-enfants, jusqu'à la seizième génération.

Au COM, au Château, on a dû avoir très peur, presque autant que nous. A un mille près, à trois minutes près, le système du rail, laborieusement construit et perfectionné pendant vingt ans, a failli être mis à mal. Un naufrage spectaculaire, l'Abeille impuissante ou elle-même naufragée. Nous non plus, ne sommes pas passés très loin du gouffre. La catastrophe, au vrai, c'est une péripétie qui tourne mal. Pendant une heure encore, nous escortons, poussés par la houle, le pétrolier dément.

C'est au retour que la mer se venge. Jusqu'ici, elle n'avait pas complètement rattrapé le vent. Ils sont désormais en phase, libérés. Les vagues vert sombre descendent du ciel, semblent naître des nuages couleur bronze. Elles nous dominent pleinement, s'élèvent dans le crépuscule avec l'assurance de la masse, du volume. Elles ne se pressent pas, elles portent leur faix à 15 mètres et plus, le tiennent en équilibre prodigieux, très au-dessus de la passerelle, et puis se délitent, à toute vitesse, libérant d'abord une frange en ébullition, enfin s'écrasant contre nous, d'un seul élan. Le remorqueur encaisse, tremble de la proue à la poupe comme la feuille née du laminoir. Il ne faut pas croire que les marins sont blasés. Nous voici tous réunis, le nez contre la vitre, ne perdant pas une miette du spectacle, pariant sur la taille de celle-ci, de la prochaine. Il me revient qu'au lycée mon professeur de philosophie dissertait sur le beau et le sublime, l'esthétique apollinienne et l'esthétique dionysiaque, la beauté d'harmonie et celle qui fait mal. Ce soir, c'est le dieu aux pieds fourchus qui danse et qui bande. Un ultime rayon de jour caresse les déferlantes. Et dans la nuit commençante, nous ne les sentons et ne les mesurons plus que par la violence qu'elles nous infligent. C'est une épreuve, sans doute. Mais encore, supérieure à l'épreuve, une jouissance : ce monde est désordonné, nous ne le maîtrisons pas, nous ne le réparons pas, sinon très localement et de façon provisoire. Mais nous flottons à sa surface, nous sommes même capables de nous diriger, et nous n'avons pas peur.

Le Stiff et le couscous sont en vue. Ce n'était qu'un mirage. Demi-tour. Le COM nous renvoie au large, vers un cargo descendant qui, lui aussi, marche de travers. Rien de comparable, toutefois, avec le Capraia. Mais on devine que les veilleurs du COM, cette nuit, sont un brin chatouilleux. L'équipage grogne un peu contre cette pusillanimité rétrospective. On y retourne parce que l'alerte, à midi, aurait dû être plus diligente. Mais on y retourne quand même. C'est le contrat.

Je gagne ma cabine pour classer et ranger mes *rushes.* La banquette est inondée, le joint du premier sabord n'est pas suffisamment étanche contre cette mer-là. Et mes hublots, bien que la pièce soit située en hauteur, à l'avant-dernier étage du château, sont noyés à chaque lame. Je descends vers l'atelier de Charly, près du PC machine, afin de m'armer d'un tournevis robuste. C'est vrai qu'en bas le clinomètre bouge peu, c'est vrai qu'ici le vacarme des moteurs et des groupes éloigne la tempête, et que les coups de ballast, l'eau du lest projetée contre la paroi des cuves par l'eau des vagues, sont l'ultime forme perceptible de la frénésie extérieure.

Charly est toujours désarçonné par la divagation de ses semblables, et il en éprouve une sorte de désolation indignée. L'autre fou de cet après-midi, ce n'est rien, presque rien, un homme qui n'a pas vu la côte depuis longtemps, qui ne soupçonne plus ce qu'est un rocher ni une marée. Mais au bout du léger dérèglement, il engage sa peau, le fou, et la peau des autres. Charly n'oublie pas ce navire en difficulté croisé par le remorqueur sur lequel il travaillait alors, voilà des années, qui refusait l'assistance, obstinément, et qui a soudain coulé. Il a fallu revenir vers lui, récupérer les morts, flottant alentour. Essayer d'accrocher le corps d'une femme, qui avait été pris par l'hélice du cargo, qu'on n'arrivait pas à saisir, et qui est finalement parti dans la tuyère, ça valait mieux pour tout le monde. Et faire route, ensuite, avec onze macchabées sur la plage arrière, qu'on a déchargés à la main. Sauveteur, c'est un beau métier… Mais croquemort, ça n'est jamais très loin. Tu digères un peu mais tu n'effaces pas. Allez, remonte là-haut, vers les niveaux supérieurs où la tempête est magnifique.

Quand je pénètre dans la salle à manger – sait-on jamais ? le couscous… –, la scène qui s'offre à moi justifierait, à elle seule, un déplacement aussi mouvementé. Carlos, Guitou et Vincent, le second mécanicien, sont encordés à la table, mais d'un seul côté, entre cette dernière et la cloison, ce qui supprime le risque de basculer en arrière. Guitou, d'une main, tient blottie contre sa poitrine la bouteille de saillant, et, de l'autre, jongle avec son assiette. Carlos a un geste navré en direction des fauteuils vides, solidement amarrés, qui lui font face :

– Tu vois, dit-il avec une mine d'adolescent trahi, elles ne sont pas venues…

*
* *

Nous nous installons dans la tourmente. Jour après jour, elle devient, non pas un paramètre, mais un mode de vie. On dort bras et jambes en extension. On se déplace en sachant que l'escalier va se dérober ou, au contraire, se cabrer sans prévenir. A l'apéro, on mouille un linge, sur la table basse, qui empêchera, peut-être, les verres de glisser. Au repas, ce sont des bandes de Sopalin humide qui remplissent cette fonction. Les hommes du pont n'en finissent plus d'enfiler leur combinaison étanche, de se déshabiller et de se sécher, puis de recommencer. L'humeur du bord reste excellente, la presse écrit que nous sommes des héros – « les zéros de la mer » enchaîne aussitôt Guitou –, propos unanimement démenti mais lu avec une secrète démangeaison du nombril. Le cuisinier-directeur-général, en politique sachant faire flèche de tout bois, se dégage aisément de la métaphysique :

– Si certains le pensent, soit !

En fait, la vie dans le gros temps est une vie

qui induit la simplicité, et non l'emphase. Tout est plus difficile, plus absorbant : marcher, manger, prendre une douche, se laver les dents, lire un journal, boire une verre, écrire, s'habiller, tenir debout, rester couché, vider la poubelle, couper du pain. Et cette complication fort prosaïque des habitudes, loin de pousser au solennel, incite à la bonhomie. L'énergie se retire vers les fonctions essentielles, comme le sang d'un homme immergé se consacre au cœur et au cerveau. Il en résulte une légèreté certaine : on ne coupe pas les cheveux en quatre, on n'attise pas les querelles recuites, on s'emploie à rester opérationnel avec le sentiment, très élémentaire, d'être utile.

La fatigue, la contrepartie de tout cela, on ne la perçoit pas consciemment. Là non plus, la grandiloquence n'est guère opportune. Les signes de l'usure sont épars, infimes parfois. Une nuit, une nuit de plus à la passerelle où nous tressautions dans une mer hachée, les portes d'un placard se sont brutalement ouvertes, au ras du sol. Un petit placard où sont soigneusement rangés les pavillons permettant de communiquer à vue – W ou Whisky signifie « J'ai besoin d'une assistance médicale », O ou Oscar « Un homme à la mer », etc. Je m'agenouille dans le noir, et je tente de rassembler les rouleaux d'étoffe, puis de les remettre dans leurs cases à croisillons. J'ai à peine fini que les portes, dans un coup de ballast, s'ouvrent à nouveau. Je m'accroupis, je recommence, je jure, je me cogne, je râle, je perds l'équilibre.

– Besoin de dormir ? demande Carlos.

– Pas spécialement, ça va.

J'avais besoin de dormir et je ne le savais pas, ou je ne le savais plus. Carlos a pour règle de ne jamais se lancer dans ce type d'explication à chaud : l'autre n'entend rien. Mais il m'a rappelé son observation, au détour d'une phrase, le lendemain, et j'ai retenu l'enseignement. Sur un bateau confortable – sur le Radeau de la Méduse, c'est sans doute une autre histoire –, le « gros mauvais temps » ne suscite pas des empoignades spectaculaires, des rixes, des injures. Mais une nervosité diffuse, repérable à des symptômes véniels, dissimulés sous la bonne humeur ambiante, quasi négligeables, et qu'un commandant aguerri ne négligera pas.

Outre le sommeil, l'humour est la meilleure thérapeutique. Tous deux peuvent d'ailleurs se combiner par la grâce du comique de situation. L'étrange décision de continuer à vivre « comme à la maison » sur les crêtes de l'océan déchaîné est riche en saynètes impromptues, absolument exquises. Un après-midi, devant Ouessant, et malgré des conditions limites, la Marine décide un exercice d'hélitreuillage. Pas un de ces exercices nocturnes où le pilote doit trouver l'Abeille, tous feux éteints, se positionner à 5 ou 6 mètres des cheminées, et déposer un paquet au milieu de la plage arrière. Non, ce jour-là, bien que la mer soit blanche, les superfrelons et les lynx ont mission de larguer et de récupérer des hommes en chair et en os. Caméra au poing, je grimpe sur le toit de la passerelle, parmi les antennes et les aériens des radars, et je filme, dans le fracas du point fixe, ces êtres pendus à leur fil qui se balancent dix bonnes minutes avant d'atterrir rudement sur le pont du remorqueur en constante oscillation – un plongeur se blesse au genou. J'apprends, à cette occasion, que les pilotes des superfrelons, les as de la base de Lanvéoc, aux commandes de leur énorme machine, ne voient rien lors de la manœuvre finale, et sont guidés par le treuilliste.

Saoul de vent, trempé, les oreilles et les micros saturés de tumulte mécanique, j'abandonne *Apocalypse Now* et me retire au chaud. Il est peut-être 16 heures. Près du salon des officiers, un son me déconcerte : la télévision, une discussion vigoureuse. J'entre. Effectivement, le poste retransmet la séance des questions orales, au Palais-Bourbon, et le garde des Sceaux est en train de promettre une législation sévère contre les pédophiles. Un homme est là, non point suspendu aux lèvres de la ministre, mais ronflant d'aise, nonobstant les lazzi de l'opposition. Renversé dans un fauteuil encordé, une jambe coincée sous la table basse, Guitou répare sa force de travail dans des creux de 6 ou 7 mètres, heureux et informé. Il soulève un quart de paupière :

– Le marin, murmure-t-il, n'en est pas moins un citoyen conscient.

Et il se rendort.

*

* *

Après cinq jours d'isolement, les séquestrés d'Ouessant obtiennent leur libération. L'affaire est délicate, la mer reste très forte, Charles Thierry et ses capitaines ont mûrement délibéré. Les deux traversiers, le Fromveur – le plus ancien – et l'Enez, partiront de Brest à blanc. Les passagers, rassemblés au Stiff, embarqueront par groupe de dix, chaque navire transportant deux cent cinquante personnes. L'Abeille sera sur zone, à la fois pour observer la mer, renseignant les marins de la Penn ar Bed, et pour escorter les deux bateaux jusqu'à la Helle.

Heureusement, les candidats au voyage ne savent pas, ne voient pas ce qui les attend. En route, à hauteur de la pointe Saint-Mathieu, l'un des deux commandants hésite à continuer, craignant que, plus haut, ce ne soit pire, et que le Stiff ne se révèle impraticable. Carlos le rassure : ici, le temps est très nerveux, mais on reste manœuvrant. L'arrivée du Fromveur et surtout de l'Enez (quoique plus moderne, ce dernier passe un peu moins bien, tape plus à l'avant) est impressionnante. Les étraves se dressent d'un coup, soulevées très haut dans un bouillon d'écume. La procédure est impeccablement conçue et respectée. Pas un blessé à l'embarquement. A l'orée du grand torrent, devant Men Korn, nous regardons les deux coques, habilement menées au ras des cailloux, quasiment dissimulées par la houle, auréolées d'un tourbillon blanchâtre. Nous les suivons un long moment. Ce sont de bonnes machines, aussi rapides que la nôtre, mais leur poupe chasse, dérape dans les marmites. Le timonier suit un cap ferme, le bateau, lui, se tortille, se faufile en crabe. La mer n'est pas une surface, la mer n'est pas un « plan d'eau », c'est un monde en fuite, en hémorragie.

Il paraît que, rendus à bon port, beaucoup de voyageurs demeuraient silencieux, sous le choc. Pas seulement le mal de mer ou l'inconfort, tassés comme sardines dans la furie, ni la peur. Mais le silence des revenants, de ceux qui ont entrevu l'inconcevable. Ou l'on rit très fort, ou l'on reste bouche cousue. Dans un cas comme dans l'autre, on a récusé les mots. A bord de l'Abeille, l'équipage réfléchit. La compagnie envisage de renouveler ses deux bâtiments d'élite, la Flandre et la Languedoc, qui sont en parfait état mais qui ont vingt ans. Que manquerait-il ? Une aire pour les hélicoptères, probablement. Et les moyens de repêcher et d'accueillir plus de naufragés – dans le cas présent, il n'y aurait pas eu de problème pour pallier une défaillance technique, mais les Zodiac et les chaloupes sont de contenance limitée.

Avec le départ des touristes (et des Ouessantins expatriés), nous revoici seuls près d'une terre villageoise et sur une mer qui reste méchante. Bien que tout soit relatif, suivant l'échelle de Beaufort. Un matin, Carlos et moi nous surprenons à dire que l'anémomètre et le Navtex annoncent « seulement » force 9. Nous sourions aussitôt. En novembre, cela nous aurait paru le grand chambardement. La chaîne des dépressions est devenue notre horizon naturel. Et chacun s'organise pour que la vie continue. Dominique, le soir, dans sa cabine, travaille l'accordéon et la flûte irlandaise. Yvon, le second capitaine, qui nous a rejoints après l'affaire du Capraia, est passionné de vidéo. Guitou bidouille de l'informatique. Lionel repeint la carrosserie de sa tondeuse à gazon. Nous sommes très loin de Brest, de la ville, nous n'existons plus que par nous-mêmes, et il nous semble que cela va durer indéfiniment.

Les femmes occupent une part non négligeable de la conversation. Mais qu'est-ce que ça veut dire, « les femmes » ? Est-ce que ça existe,

« les femmes » ? De quoi, de qui parle-t-on ? Jamais des « vraies » femmes, de celles qu'on aime, qu'on a aimées, qu'on n'aime plus, qu'on aimerait aimer, dont on a des enfants, dont on aurait voulu en avoir. Ces femmes-là, silence, tabou, pudeur. Elles passent quelquefois, quand le bateau est à quai, on les croise au détour d'une coursive, elles restent dormir, discrètement, dans la cabine de leur homme, c'est leur affaire, c'est leur intimité, motus et courtoisie. S'il s'agit des épouses, ou des compagnes, les marins saluent bas, avec révérence, pas un mot de trop. Et se prémunissent, très vite, d'une ou deux plaisanteries conjuratoires, comme on dégage, à la VHF, le canal 16 : toujours, mon ami, toujours téléphoner à la maison avant de rentrer, ne jamais sonner à l'improviste... Une pointe d'inquiétude sous la boutade, et l'assurance qu'entre la mer et la terre, entre l'embarquement et le débarquement, deux univers se côtoient, et, eux, ne se marient jamais.

Quand on parle « des femmes », c'est donc d'autre chose. On parle de leur absence, c'est permis à condition de n'en avoir pas l'air. Les icônes l'avouent éloquemment. Calendriers, au PC machine, à la cuisine, un grand poster collé sur la porte du salon d'équipage, un poster invisible les jours de réception, ladite porte étant pudiquement rabattue. Des seins des culs des poils des cuisses des chattes des dents des lèvres de la peau. L'arsenal de la frustration, le répertoire des chambrées ? Mais non, c'est plus joli et c'est plus compliqué. Vincent m'explique la chose. Vincent est un intellectuel sauvage, qui lit dans son coin, et qui pense à sa manière. Avec femme et enfants, il a traversé l'Atlantique en voilier, séjourné aux Caraïbes, passé l'hiver à Saint-Pierre, remonté jusqu'au Groenland après la débâcle. Vincent, qui sait ce que naviguer veut dire, m'explique la fonction de ces femmes reproduites, imaginaires. Elles remplacent sainte Anne et sainte Marie, je ne blasphème pas, jure Vincent, c'est pareil, elles étendent leur protection sur nous, elles n'existent pas plus que les divinités qu'elles supplantent, pas plus que n'existe leur nudité glacée, mais elles remplissent la même fonction, céleste et bienveillante.

– Faut fantasmer, dit Carlos, épanoui. Tant que tu fantasmes, t'es vivant…

Mais les images, pieuses à leur manière, sont fort peu. Ce sont les mots qui pèsent. Ils n'évoquent pas les « vraies » femmes mais des femmes qui, tout de même, ma foi, malgré les filtres du temps et les enflures de la saga, ne sont pas dépourvues de vérité. Femmes provisoires, femmes d'escale, femmes de jadis.

– Je suis magicien, dit un ancien lieutenant de l'Abeille nous rendant visite au Stiff, maintenant officier sur un paquebot. Je fais l'amour avec elles, et elles disparaissent…

Chez les « vieux », chez ceux qui ont bourlingué au temps où les bateaux s'arrêtaient et où les ports étaient habités, un débat se poursuit, inépuisé, agaçant les jeunots : quelles sont, tous comptes soldés, tout bien pesé, les plus fabuleuses de ces créatures fabuleuses (jamais il n'en est question sur le mode dédaigneux ou blasé, c'est la perle qui suscite la glose) ? Incontestablement, l'Argentine est éblouissante. Elle est raffinée, elle est cultivée, elle est experte, elle est aussi rigolote que la Brésilienne, mais avec plus de classe, plus d'élégance. Quoique la Brésilienne… Tu te rappelles les petites qui nous disaient adieu, sur le quai, folles de douleur, qui sautaient dans le train, et qu'on retrouvait à l'escale suivante, hou hou, agitant leur mouchoir en riant ? Et les Malgaches… Douces, suaves. Mais elles s'installaient à domicile, pas moyen de les débarquer. Le plus dur, souviens-toi, c'était l'Inde. Superbes, affables, et inaccessibles. Il fallait attendre les hôtesses de la Lufthansa – un vol tous les dix jours, tu parles. N'oublie pas, non plus, la mer Noire. Ah ! la mer Noire. Un flic à l'avant du bateau, un flic à l'arrière du bateau. N'empêche, tu étais invité au théâtre, gratis, et ensuite, tu logeais chez l'habitante. Et Taiwan. J'étais son dernier client, elle finissait la nuit avec moi, elle avait les doigts d'une Japonaise mais les jambes fines, je ne payais pas, j'étais un gosse, j'ai pleuré en partant.

Les histoires longues, ce n'est jamais « mon » histoire, ce sont les histoires des autres. Ce ne sont jamais, non plus, des histoires recueillies en mer, ce sont des histoires de bistrot, des histoires de piste – quand la vigilance du narrateur est entamée, qu'il se lâche – qu'on a gardées en mémoire et qu'on ramène à bord, et qu'on ressasse.

C'est l'histoire d'un second capitaine qui est rentré chez lui. Sur le mur de la maison, une pancarte « A vendre ». Elle est courte, celle-là, et pas très bonne. Mais on la raconte souvent.

C'est l'histoire d'un bosco de Fécamp qui partait au commerce pour très longtemps. Les copains, une blague, lui ont suggéré, l'air pincé, que sa femme, elle s'éclatait fort dans les boîtes normandes. Et le bosco a pris ça au sérieux. Et il n'écoutait plus les dénégations des autres, mais puisqu'on te dit que c'est une blague. Et il ne mangeait plus. Et le voyage était interminable. Et, de l'autre côté, l'agence n'avait pas de courrier pour lui. Il ne mangeait toujours pas, il refusait même de descendre à terre, boire un coup, voir les femmes. Et l'agence a reçu du courrier. Plusieurs lettres de sa femme qui disaient je t'aime, tu es loin, tu me manques, vivement que tu sois là. Alors le bosco s'est offert un gueuleton, il a chanté de joie, et il a couru au bordel fêter ça.

C'est l'histoire d'un marin qui est amoureux d'une femme aux yeux intenses et au sourire chryséléphantin. Ils se sont accordé une escapade sur les grèves de son enfance. Ils dorment dans une maison commune, chacun sa chambre, ami ami. Elle veut bien, entre les lignes, lui comment donc, mais il est tant submergé, troublé, qu'il fait l'aveugle et le sourd. Il lui dit qu'elle est « fatale », c'est vrai, mais il le dit mal, elle prend ça pour de l'ironie ou pire. Et ils se promènent, dans les îles, sans se toucher. Et ils restent amis, il a retrouvé ses esprits sans l'aimer moins, mais elle pense qu'il ne sait pas ce qu'il veut, cet homme, pour elle après l'heure ce n'est plus l'heure. Et il rêve toujours d'elle. Et elle lui sourit, on ne sait toujours pas, saura-t-on jamais. Puis il rembarque, il l'emmène dans sa tête.

– Et il a pas couché ? C'est un con ! juge le chœur.

– Attends, attends, quelquefois, rarement, tu es suffoqué par ce qui te tombe dessus, tu aimes trop, tu n'es pas synchrone…

C'est l'histoire d'un ancien officier de la compagnie, un jeune homme avenant fâché avec le mariage, qui draguait grâce à la « méthode sauna », méthode de son invention (construit en pays nordique, le navire bénéficie d'une cabine à suer). Le garçon était modeste. Il jugeait l'homme moins exceptionnel que le bateau, et répétait à ses proches : « C'est l'Abeille qui fait tout. » Le soir, il invitait à bord du « plus puissant remorqueur du monde » une jolie curieuse, la promenait aimablement de la passerelle à la machine. Enfin, vers les 23 heures, il disait tristement :

– Maintenant, je vais devoir te/vous quitter, je prends mon quart à minuit, et avant, pour être en forme, j'ai l'habitude de passer au sauna.

De deux choses l'une : ou la jolie s'en allait, ou elle répondait qu'un sauna, ma foi, par ce temps frais…

– Ils faisaient l'amour dans le sauna, vraiment ? questionne Guitou, admiratif.

– Vraiment.

– Allumé ?

– Allumé, dans la chaleur et la vapeur…

Le chœur salue le bon état général, et notamment cardiaque, du collègue.

C'est l'histoire d'un second mécanicien, sur un minéralier, dont l'épouse ne supporte plus les absences. Pas les infidélités, non, les absences, le fait qu'il s'en aille sur la mer, et qu'il pense à la mer quand il est à terre. Un jour, elle appelle Saint-Lys radio, et prévient, par télégramme, le commandant de son mari que c'est fini, qu'elle s'en va. Et le commandant se retrouve le télégramme à la main, c'est pas son boulot, mais c'est son second mécanicien. Il l'avertit. Et l'autre devient fou. Cent roses, il veut tout de suite envoyer cent roses à sa femme. Tu ferais mieux de lui en envoyer quatre-vingt-dix-neuf, conseille le chef, pour une femme, faut un chiffre impair. Alors, par radio, le second mécanicien commande quatre-vingt-dix-neuf roses, attends-moi, attends-moi. Et sitôt la commande lancée, il songe que le montant de cette commande sera débité de son compte-chèques, compte joint avec sa femme, sa femme qui gère tout. Et il demande au commandant de demander à la compagnie de lui consentir une avance déguisée en prime, l'équivalent de quatre-vingt-dix-neuf roses, une fausse prime virée mine de rien, pour que sa femme ne pense pas qu'il l'a volée en lui offrant des roses.

– Elle s'est calmée ?

– Oui, quatre-vingt-dix-neuf roses, ça lui a plu. Elle n'a même pas pensé à vérifier le compte.

On bavarde, on bavasse, sans s'attarder. Je suis un éternel amoureux, proclame Jean-Paul haut et fort. Jean-Marc, lui, ne proclame rien du tout. Dans le fond, c'est pareil, c'est le secret de chaque cabine. Les posters, le folklore, les histoires à la Mireille Dumas sont un écran et un parfum, une manière de vivre la distance, le plus petit commun dénominateur de la solitude.

*
*   *

Hormis la terre et ses amours, une chose commence à nous manquer, sur ce remorqueur ballotté : un remorquage. Le vocabulaire de la spécialité emprunte, parfois, à celui des braconniers (on parle, par gros temps, de « route de chasse »). Même si l'allégorie de la longue traque est désuète, la métaphore du gibier rare, celui qu'on a entrevu hier et qu'on manquera aujourd'hui, n'est pas complètement irrecevable. Rien de vulgaire dans l'intention. A force de courir ici et là, d'escorter des maladroits, de frôler le grand coup, est-il scandaleux, est-il déplacé d'avoir envie de montrer ce qu'on sait faire, pour de bon, jusqu'au bout ?

Sur la plage arrière, les pantoires n'attendent que ça, et sont minutieusement gréées, prêtes à servir. Une pantoire, c'est un câble de 30 à 60 mètres, et de diamètre variable, qu'on établit, comme un fusible, entre la remorque proprement dite et le bateau remorqué. C'est tout un art, de la choisir. Une pantoire de 38 – 90 tonnes à la rupture – est suffisante pour un bateau moyen par temps moyen. Si les vagues sont plus sérieuses, la pantoire de 44 – 135 tonnes à la rupture – sera préférable. Mais l'outillage plus robuste a son revers, il faut tracter doucement, sans dépasser 3 ou 4 nœuds : si le remorqué se balade d'un bord sur l'autre, tout risque de casser. Le matériel est abondant parce que chaque opération est singulière, et toute option un compromis. Lionel a donc disposé les gros câbles à bâbord, les plus légers à tribord, et, en réserve, trois fois ce qui est aligné sur le pont. Plus des aussières en textile, des *springs*, qui donnent de la souplesse et de la vitesse mais ne conviennent qu'aux tonnages relativement légers.

Carlos s'est employé à dégrossir mon éducation théorique. Dès que la remorque s'écarte de l'axe de l'Abeille, danger. Un petit remorqueur, pris « en garde », est vite retourné et coulé par le navire qu'il tracte. Et même un gros, comme la Flandre, n'est pas à l'abri. Si tu remorques un mastodonte, un pétrolier calant 20 mètres, tu es condamné à l'accompagner, tout en douceur, avec doigté. Si tu le laisses courir sur son erre, il aura tendance à remonter au vent – ce qui devrait, en principe, l'écarter de la côte. Un petit bateau est plus facile à travailler, mais est aussi plus imprévisible, les mouvements sont parfois désordonnés, il peut surfer sur une crête et t'arriver dessus, la tension, lors d'une embardée, peut passer de 30 à 80 tonnes. Le pire, c'est un bateau lège, un bateau qui glisse sur la peau de l'eau, il est capable de revenir vers toi et de t'aborder. Et puis, il ne faut pas se tromper sur la longueur de la remorque. Trop tendue, elle subit des à-coups, et se rompt. Trop détendue, elle touche le fond, accroche n'importe quoi, un caillou, une épave, et se rompt aussi. La remorque, c'est l'amortisseur de l'attelage, on doit lui trouver la plus belle courbe, le juste poids.

Qu'arrive-t-il si la tempête est extrême, s'il devient trop dangereux de se rapprocher de la côte avec, derrière, un colis pareil ? Tout dépend du vent et de la montre. Lorsque tu as de l'eau à courir, tu te laisses traîner par le remorqué, dans l'axe du vent et des vagues, tu donnes un petit coup de gaz pour rétablir ton angle, le cas échéant. Sinon, reste la « cape marchante », bout à la lame, ou en épaulant, allongeant la remorque et maintenant une vitesse minimale sur le fond, presque rien, 0,2 à 0,5 nœud. Le vrai problème est d'anticiper, de réfléchir à douze heures, de ne pas hésiter à s'avancer vers le danger, une heure ou deux, si tu sais qu'ensuite le vent et le courant t'en éloigneront. Et tu n'oublies jamais que les règles simples sont les meilleures : au large, où rien ne presse, tu attends le jour avant d'agir. La bonne manœuvre, finalement, c'est la manœuvre qui réussit.

Serait-ce la prime qui fait courir le chasseur ? Le sauvetage des personnes est gratuit, quoi qu'il coûte, le sauvetage des biens est payant – cela vaut pour les professionnels de l'Abeille comme pour les bénévoles de la SNSM (l'argent versé à ces derniers l'est au profit de l'association). Un bateau victime d'un problème technique, mais nullement en danger, peut solliciter un remorqueur comme un automobiliste requiert une dépanneuse : ce contrat simple se règle sur facture, suivant un prix convenu. En revanche, un bateau en détresse est invité à souscrire un contrat du type *Lof* (*Lloyd's open form*) d'après lequel l'indemnité due au sauveteur sera ultérieurement calculée, par des experts indépendants des deux armements, suivant la valeur du navire assisté, celle de la cargaison, et la nature des moyens mis en œuvre ainsi que des périls encourus par le navire assistant. Une règle d'airain : *no cure, no pay* – pas de résultat, pas un sou, même si le remorqueur a dépensé des fortunes et engagé des vies.

La prime, dans tout cela, n'est, disent les hommes du bord, que « la cerise sur le gâteau ». Ils n'ont certes rien contre la cerise, un supplément inattendu n'est pas pour déplaire, mais ils ne comptent pas dessus. Bon an mal an, mais la moyenne statistique n'a pas grand sens, l'Abeille accomplit huit ou neuf remorquages, les uns simples, les autres *Lof*, et l'essentiel du fruit de ces interventions est partagé entre l'affréteur et l'armateur. Un seul Amoco Cadiz représente, en frais d'exploitation, près d'un siècle de fonctionnement du remorqueur. Les revenus d'opérations fructueuses – un sauvetage peut rapporter 5 ou 6 millions de francs – allègent le budget de l'État et soulagent la compagnie, toujours anxieuse du renouvellement des contrats.

Oui, l'argent importe, même si les marins des Abeilles sont, en salaire, mieux lotis que le gros de la profession, ce qui n'est pas très difficile : une honnête paie de cadre pour les officiers, une honnête paie de technicien pour les autres. Mais l'argent vient après. Après le dévouement ? Après l'orgueil ? Il suffit de vivre, comme en ce moment, plusieurs semaines de tempête, pour répondre tranquillement. La prévention, ça marche mais ça use. Le triomphe absolu, sur le rail, serait qu'il ne se passe rien, qu'on ait tant multiplié les précautions, les vigilances, les anticipations, les alarmes, que la zone d'Ouessant soit devenue, en matière d'aventure, le pays de Canaan où l'herbe est grasse, l'eau tranquille, et l'homme impavide. On se bat pour qu'il ne se passe rien. Mais on se bat si fort qu'on a envie, à la longue, qu'il se passe quelque chose. Aucun marin, s'il n'est pirate, ne souhaite le malheur, ou la détresse, d'un autre marin. Mais qu'il se passe quelque chose… Le plus pacifique des militaires, le plus endurci des médecins du SAMU (souvenir, à l'hôpital Necker, de ces longues gardes monotones rompues, enfin, par une alerte…) éprouverait la même fièvre et ne serait, pour autant, ni va-t-en-guerre ni charognard.

C'est un jour de gastro-entérite contagieuse. Jean-Paul sert du riz à tout-va. Dominique, Lionel et moi comptons parmi les rares survivants. Guitou tient à la disposition de ses collègues un thermomètre magique : on le glisse sous l'aisselle, et une voix féminine, très *Pou Pou Pidou Wouah*, vous annonce, dans la langue de Mickey, le degré de votre intime combustion. Carlos est le plus atteint et est parti se coucher : le vent, pour l'instant, ne dépasse guère force 8, mais du 10 ou 11 est prévu pour la soirée. Il veut suer, et dormir si possible, avant le coup de chien.

Je m'attarde au carré en compagnie d'Yvon, le second capitaine. C'est un homme sorti du rang, un cabochard dont les rapports avec l'équipage sont parfois tendus, et un solide marin. Il a coordonné des opérations acrobatiques, tel le déséchouage d'un cargo planté, à Biarritz, devant l'hôtel du Palais, sous les fenêtres de l'impératrice Eugénie. Il est aussi le seul, aux Abeilles, à avoir émis un *Mayday*. Il avait pris le commandement d'un remorqueur fraîchement révisé pour le conduire et l'exploiter à Mururoa. Mais au grand large, dans l'Atlantique, la révision s'est révélée défectueuse. Machine en feu, Yvon et Vincent (qui était chef sur ce bateau) ont lancé leur SOS en plein typhon. Et ont cru disparaître, le premier confrère étant fort loin. Finalement, ils ont éteint eux-mêmes l'incendie, bricolé les moteurs, et rallié les Antilles tant bien que mal. Yvon n'aime pas trop raconter ce drame. Pourtant, il s'en est tiré brillamment. La voix de Dominique, depuis la passerelle, nous interrompt :

– On a un client. On part sur Sein.

Grimpant aux nouvelles, je rencontre Guitou.

– Il paraît qu'on va crocher.

– Excellent, opine le chef.

– Il paraît que ça urge.

– Excellent.

– Tu n'as pas pitié de ces malheureux angoissés ?

– Absolument pas. Ils n'ont aucune raison d'être angoissés.

– Et pourquoi ?

– Parce qu'on est là.

Le message de détresse provient d'un porte-conteneurs, le Nautila, un navire allemand sous pavillon d'Antigua. Il se trouve en complète avarie de machine, à 4 milles dans l'ouest de la chaussée de Sein. Il n'aura pas le temps de réparer. La voix de son commandant est nouée. Pour l'instant, le vent de sud-est et le courant l'écartent des récifs. Mais le vent, selon les prévisions, doit brutalement passer ouest, et, à la renverse, la marée ajoutera aux rafales la poussée funeste du jusant. Le COM alerte l'Amiral qui, sans tarder, adresse une mise en demeure : « Compte tenu du danger grave que représente votre navire pour le littoral français et les intérêts connexes, le préfet maritime de l'Atlantique à Brest vous met en demeure de prendre toutes mesures pour faire cesser le danger avant 16 h 30. Passé ce délai, si la présente mise en demeure est restée sans effet, le préfet maritime de l'Atlantique sera en droit de prendre, à vos frais et risques, toutes les mesures nécessaires pour mettre fin à ce danger. Aux frais d'intervention s'ajouteront les dépenses engagées pour l'alerte et l'évaluation de la situation. »

Paradoxalement, le ton comminatoire du document fournit une aide au commandant du navire désemparé : il le dispense d'une éventuelle négociation avec son propre armement ; le cas de force majeure est établi, il ne se retrouvera pas entre deux feux. De reste, le capitaine du Nautila ne ressemble en rien à celui du Capraia : ses cartes sont à jour, il a tout compris, il n'a pas l'intention de perdre une minute. Pendant que la compagnie des Abeilles et l'armateur allemand parlent contrat, *Lof*, bref parlent argent, le commandant du remorqueur et celui du porte-conteneurs parlent technique. Un bateau inconnu, un bateau dont on ne possède que les grandes lignes, tonnage, longueur, etc., est toujours une énigme. S'est-il positionné travers au vent, comme c'est le plus fréquent ? Sa barre est-elle active ? Son équipage est-il compétent et rapide ? S'est-il exercé à une prise de remorque en pleine mer ? Sait-il seulement qu'il faut capeler la pantoire sur deux bittes – une seule risquerait d'être arrachée ? Le cargo est-il doté d'un chaumard central (une ouverture dans l'acier, destinée au passage des amarres) ? Carlos, en robe de chambre verte, ruisselant de sueur, déroule son check-up.

Maintenant, la tactique. Pendant que l'Abeille taille sa route à pleine puissance, menée par Dominique, le conseil de guerre se réunit à la passerelle. Carlos et Lionel choisissent le gréement, la discussion est libre, sans pudibonderie hiérarchique. Cet après-midi, le jeu consiste à manœuvrer le plus vite possible. Une très violente tempête arrive. L'idéal serait de remorquer à toute allure (mais, à toute allure, cela ne dépasse guère 6 nœuds), de livrer le colis en début de nuit, et de repartir aussitôt vers Ouessant afin d'être sur place au cœur du coup de vent. Le Nautila n'est pas trop lourd, même s'il est chargé. Carlos et Lionel optent pour une pantoire de 38 précédée d'un *spring* long de 45 mètres.

Le vent monte en puissance et en direction. Le ciel est invisible, le gris de la mer et le voile d'une pluie froide l'ont totalement englouti. Avec les hommes du pont, je descends au niveau de l'eau. C'est là que va se jouer le premier acte. Avant d'être sur le cargo, il faut disposer le gréement. Puis, sous le nez du navire en panne, expédier la touline, dérouler l'aussière puis la pantoire. La partie est délicate. Une déferlante, une rupture brutale, un abordage, et l'on risque sa peau. Le rôle du lieutenant est de manipuler le fusil lance-amarre et de veiller à la sécurité des voltigeurs du dehors, pris par l'action. Carlos a longtemps rempli ce rôle, il connaît le travail et le danger. Parmi les cauchemars de sa vie figure le souvenir d'une vague qui l'avait lui-même emporté, couché sur le pont, et coincé sous le câble. Quand la suivante est arrivée, qu'il s'est senti soulevé par cette puissance énorme, il s'est dit que ses fémurs ne sauraient le retenir, que ses deux cuisses allaient casser net, en même temps. Elles n'ont pas cassé. Mais depuis qu'il est là-haut, depuis qu'il est aux manettes, son obsession est là : perdre un homme est une menace constante, même si le ciel est bleu – sur la Languedoc, un bosco, pas un jeunot, un professionnel expérimenté, a récemment été fauché par un câble rompu, presque au but, en vue du port. Entre le pont et la passerelle, le doute, le soupçon ne sont pas de mise.

– Dom, je te prends une boîte de ligne…

Lionel, Jean-Marc et Dominique sont en train de se préparer. Ils enfilent la combinaison tous temps qui sera leur unique armure. Sur le pont, pas de harnais. Ce n'est point une négligence. Le bateau est très large, les déplacements très amples, il est parfois nécessaire de courir vite et loin. Aucune sangle comparable à celles que j'utilise sur mon voilier ne serait ici adéquate. Pire, sous la pression d'un paquet de mer, le harnais pourrait se tendre et briser en deux la colonne vertébrale de celui qu'il doit protéger. Il faut avoir des yeux autour de la tête, et le pied sûr. Il faut savoir se réfugier derrière le treuil ou la remise. Il faut garder une main pour se cramponner à la rampe, sous le cintre, et l'autre pour la manœuvre. Il faut, surtout, que chaque homme soit comptable de l'autre, qu'aucun n'évolue hors du champ de vision d'un de ses collègues.

A Lionel revient la charge de frapper les trois coups. Il progresse dans la coursive, s'arrête devant la porte condamnée qui ouvre vers l'extérieur, vers l'arrière. Il défait les taquets, à chaque coin, et lentement, très lentement, pousse le panneau d'acier, avec la précaution du dompteur s'approchant de la cage. Avant toute chose, avant même qu'on sache si quelques tonnes en mouvement ne vont pas noyer le corridor, un son, le sifflement du vent, domine l'écho des moteurs, et une giclée d'air froid rompt la tiédeur de notre cocon. Lionel glisse un œil, entrebâille la porte, prêt à se rejeter en arrière, l'ouvre carrément. Je suis derrière lui. La houle n'est pas encore à son paroxysme, mais les rafales cinglent dur, arrachant aux crêtes des fragments de vague qui s'abattent sur le pont. Jean-Marc entre en lice. Avant d'agir, m'a-t-il confié, j'éprouve une espèce de trac, la crainte de ne pas être à la hauteur. Tous deux s'avancent vers la remise, empoignent l'aussière. Ils sont déjà trempés, tandis que la poupe soulage et que l'eau file entre leurs jambes.

Le Nautila est juste derrière nous. Carlos en a fait le tour pour estimer son comportement, sa dérive. Il a pris des repères sur les carreaux de la passerelle afin de savoir s'il a tendance à reculer ou avancer – toujours la peur qu'un « pion » inattendu ne le porte vers l'Abeille quand ils seront voisins. Le choix du vent arrière répond à une préoccupation de sécurité. Pour Jean-Marc et Lionel, cela signifie qu'ils ont le danger sous les yeux : ils sont tournés vers le navire assisté, mieux vaut que ce dernier et une vague traîtresse se situent dans le même champ visuel – la vague traîtresse, en outre, ramènera ses proies vers le bord plutôt que de les en arracher. Pour le commandant, cela signifie également qu'il observe ses hommes et son « client » du même coup d'œil. S'il devient agressif, le client, s'il se rapproche trop, malgré lui, il suffit de pousser les gaz et l'on se déhale sans ramasser le gréement dans les hélices.

Une prise de remorque, en principe, c'est un ballet court, vingt minutes. Mais si les marins du navire assisté sont maladroits, ou si la pantoire part à l'eau pour une raison quelconque, il faut compter vingt minutes pour la récupérer, trente minutes pour redisposer le gréement, et ajouter à cela le délai d'une nouvelle présentation. Plus d'une heure, au total. En plus d'une heure, parfois, on est sur les écueils. Voilà quelques années, l'Abeille ramenait en rade un bateau sans machine, le Vinland Saga, chargé de nitrate d'ammonium, cargaison dangereuse s'il en est. Tout à la fin, quasiment devant Brest, alors que le pilote était déjà sur le navire, en plein courant, la pantoire a cassé. Dans la nuit. L'écubier du cargo était défectueux, cisaillait la remorque, on ne l'a su qu'ensuite, et c'est miracle s'il ne s'est pas planté sur le caillou voisin. Avec un gros pétrolier, tout est encore plus lent, une pantoire rompue vaut deux heures de perdues quand 1 000 mètres de remorque ont été allongés, et trois quand le tanker n'a plus de groupe électrogène, donc de guindeau géant capable d'enrouler le câble qui lui est fourni. Le temps chronologique et le temps météorologique, imbriqués, font le naufrage ou le sauvetage.

Tout contre la lisse, à l'arrière, Lionel et Jean-Marc, aidés d'un matelot, ont fini de disposer l'aussière, le *spring*. Le vent atteint force 10, les deux hommes reçoivent, en pleine figure, des gifles salées. Au-dessus d'eux, l'étrave du Nautila se dresse, cyclopéenne, le cargo ahane, cabré tel un cheval déraisonnable. Les deux bateaux sont proches à se toucher. Un bouillonnement blanc les unit. Le remorqueur roule, le porte-conteneurs tangue, c'est trop de tôle agitée, en tous sens, il faut, très vite, que l'ordre soit rétabli. Des oiseaux passent dans cette furie, et c'est Yvon, le second capitaine, qui repère le premier ce qu'ils ont d'anormal : ils volent, certes, mais ils volent à reculons, incapables de résister au vent. Le

« grain de la manœuvre » est sévère, la pluie battante frappe autant qu'une grêle, et les collines glauques de l'Iroise se soulèvent et plongent, sans rythme aucun, dans une confusion parfaite.

C'est au lieutenant de jouer. Depuis le premier niveau, il empoigne le fusil lance-amarre accroché à la rambarde.

– Vas-y, Dom, vas-y !

– C'est bon pour la touline.

Les voix de Lionel, qui gueule contre le vent, et de Carlos, dans le haut-parleur de la passerelle, se chevauchent et sont couvertes par la détonation de la cartouche d'air comprimé. L'obus de plastique blanc s'envole vers le gaillard du Nautila, la ligne qui lui est attachée décrit une courbe oblique, dévoyée par la rafale – mais Dominique a anticipé, l'équipe du porte-conteneurs a saisi le bout, et tire, hâlant un cordage plus gros, puis l'aussière, passée dans le chaumard central. Lionel et Jean-Marc, de leur côté, libèrent le *spring*, progressivement, veillant à ce qu'il ne plonge à l'eau et ne s'égare vers les tuyères. Puis les trois hommes du pont restent debout côte à côte, cramponnés à la main courante du cintre. L'écume ruisselante leur monte aux genoux.

– OK, vous pouvez dégager, annonce le haut-parleur.

Sans quitter la mer des yeux, Lionel lève un bras pour accuser réception du message. Personne sur le pont pendant que la remorque entre en tension. Les voltigeurs regagnent les coulisses. Leurs collègues de la machine assurent le relais.

Le gréement est enfin paré. Il était temps, le Nautila tire fougueusement vers l'arrière, au point que l'Abeille vibre et tremble. Les conteneurs entassés sur le pont du cargo, grimpant très haut, accentuent l'effet de balancier, durcissent le pilonnement. Carlos joue des gaz, mollit, reprend. L'Abeille est prête à tracter.

Vincent a pris place dans le « local treuil » où la remorque est enroulée sur des bobines hollywoodiennes, où les engrenages multiples rappellent Chaplin et ses *Temps modernes.* Il va suivre le bon déroulement, vérifier que le câble, épais de 7 centimètres, ne prend pas de tour, ne surpatte pas. Là-haut, près de Carlos, Guitou, leviers en main, est relié par VHF à son second et observe sur un moniteur la rotation des tambours. Le commandant, qui a troqué la robe de chambre verte contre une fourrure polaire rouge, conduit la manœuvre depuis le poste arrière, toutes manettes à portée, le regard naviguant entre le cargo et le tensiomètre. Comment bouge-t-il, cet animal, donne-t-il des coups de queue, des coups de tête, son angle de barre est-il stable, demandera-t-on à son capitaine de rester dans l'axe ou de prendre 10 à 15 degrés en surveillant le cul du bateau ? Regardant la scène, ce n'est bizarrement pas à la pêche au gros (au très gros) que je songe, bien que l'analogie soit forte. C'est une métaphore musicale qui l'emporte, celle de vieux compagnons, parfaitement rodés, qui redécouvrent une partition familière, et l'interprètent chaque fois différemment, avec le plaisir de l'entière complicité.

Vite. La dépression est sur nous, la mer se met au diapason du vent, l'Iroise se rebiffe avec le jusant. La remorque a disparu. Un tronçon immergé, sur la lisse de l'Abeille. Et puis, à 400 mètres, un cargo qui nous suit, roulant assez, l'étrave nimbée de mousse. Je m'installe sur la plage arrière, et je filme (Carlos m'a demandé de couvrir l'opération, les rushes seront versés à l'appui, en cas de litige avec les assureurs du Nautila). Tantôt le porte-conteneurs disparaît dans la houle, tantôt il me domine comme s'il allait nous fendre en deux, dans toute notre longueur. Nous filons 6 nœuds. Bientôt, à l'entrée de la rade, la mer devient plus courte, les mouvements plus amortis. Lionel ressort, entame des rangements, prépare quelques bouts. Tranquille. L'opération d'aujourd'hui porte à 177 le nombre de navires tirés d'affaire par l'Abeille, dont 11 pétroliers, 7 transporteurs chimiques, 2 ferries, 37 chalutiers. Au-dessus de la tête de Lionel, un poste de radio est accroché qui lâche, dans le vent, une musique décousue et guillerette.

La nuit est tombée. Le pilote, d'un saut, attrape l'échelle du Nautila. Lionel et Jean-Marc, à nouveau sous la pluie, rentrent l'aussière. Les remorqueurs portuaires sont à flanc du cargo. Nous faisons demi-tour et repartons vers Ouessant. Un collègue est en panne sur le rail, un *supply*, un remorqueur multitâches essentiellement voué à la recherche et à l'exploitation pétrolières *offshore*.

Dès la pointe Saint-Mathieu, la tempête nous reprend, hurlante. Mais à bord, personne ne hurle. Apéro, douceurs (d'où Jean-Paul extrait-il, mystérieusement, ces canapés tous temps qui n'ont rien de congelé ?), il n'y a plus de salon des officiers ni de salon de l'équipage, il n'y a plus qu'un équipage. Il n'y a plus de malades, ou bien les malades ont oublié qu'ils le sont, Guitou a rangé son thermomètre bavard. Dehors, la mer peut cogner tant qu'elle veut, c'est fête. Dominique souligne que, la veille, nous avons mangé du lapin – animal dévoreur de cordages et de bordés, dont le nom, d'après les superstitions maritimes, qui sont innombrables, porte la poisse.

– Je ne vois pas pourquoi tant d'hommes braves ont peur d'une petite bête, alors qu'elle est morte…, ironise le cuisinier-directeur-général.

– Moi, dit Carlos, j'ai connu un type qui regardait Bugs Bunny à la télé en croisant les doigts. Il mourait de trouille mais adorait les dessins animés.

– Lapin lapin lapin, scande Guitou le provocateur, se versant une gorgée de saillant.

– Il paraît que d'autres, plus au nord, ont peur des chevaux. Pour regarder les westerns, ça doit être commode…

Jean-Marc, respectueux des traditions et ami des pêcheurs fort inquiets du mauvais sort, n'approuve pas cette transgression ludique, mais garde pour lui sa réticence. On révise la manœuvre, sur le mode jovial. Le *supply* est reparti. Tant mieux pour lui. Et les histoires renaissent, et la saga repart. Tu te rappelles quand on s'est fait trois bateaux en deux jours ?

La dépression fut courte mais creuse, la nuit a été très agitée. Nous l'avons passée à la cape dans le Fromveur. Au petit matin, nous sommes enfin autorisés à rentrer sur Brest. Notre place habituelle, quai Malbert, est occupée. A cause du mauvais temps, le port est bondé, beaucoup de cargos lui ont demandé asile. On nous accorde le troisième éperon, et notre voisin immédiat sera le Nautila, paisiblement à quai, en attente de réparation. Le jour se lève à peine. Quelques dockers arrivent au travail. Un soleil rasant, un soleil d'après la bagarre, incendie les vitres de la cité.

– Regarde, me dit Lionel, ça fait classe !

Du pavillon, en tête de mât, ne subsistent que le bleu, un peu de blanc, et un mince lambeau de rouge. Le bosco n'est pas plus cocardier qu'un autre, mais, sur « son » bateau, il ne prise guère les chiffons.

– Tu viens ?

Nous grimpons sur le toit de la passerelle, amenons ce qu'on n'oserait appeler les couleurs. Avant d'installer un pavillon neuf, Lionel me tend l'autre, en charpie :

– Cadeau.

J'empoche la relique.

La ville, les grues, les secrétaires qui vont au bureau, les bistrotiers qui lavent le trottoir, un livreur de journaux, des klaxons, le camion de l'avitailleur, un avion qui décolle, un avion pour Paris. Je m'éveille étranger. La dernière fois que j'ai ressenti pareil « décalage », c'était après Kōbe. Le hasard avait voulu que je m'y trouve au tout lendemain du tremblement de terre, parmi les gens en larmes sur les décombres. J'avais marché des dizaines de kilomètres, erré dans les gravats, écouté les survivants, mangé les boulettes de riz distribuées par la Croix-Rouge, ou par la Mafia, je ne sais plus. Et je me suis retrouvé un soir dans un hôtel de Kyoto, un hôtel avec des chambres, des lits, de l'eau courante. Je me suis retrouvé à la table d'un restaurant panoramique, et je me souviens que le sommelier recommandait le vin blanc local, car on produit un vin blanc sur les hauteurs de Kyoto. Je suis aussi « loin », aussi « absent » que je l'étais alors. Tu t'en fous, que le vin soit bon ou mauvais, sec ou fruité, rouge ou blanc. Tu t'en fous complètement. Mais tu ne te fous pas de tout. Au contraire : tu es sorti de l'indifférence habituelle, tu as renversé l'ordre de tes dérisions. S'il t'est jamais venu à l'esprit que le monde serait bien capable de se passer de toi et que cette tragédie vaut un roman abyssal, tu te demandes, maintenant, comment pareille idée avait pu t'effleurer, tu te sens délivré, pas résigné mais délivré, et la terre et la mer n'en ont que plus d'arôme provisoire.

5

Morceau de bravoure

Brest est une ville chaude.

Je devine les ricanements : militantisme breton, patriotisme régional, emphase d'outre-France, un crachin à la place du cerveau… Mais j'insiste et persiste. Brest est une ville chaude. Rien n'y est froid, hormis l'aspect, l'habillage – encore cette laideur apparente, cette construction linéaire et grise est-elle la rançon de bombes et de fournaises. Brest n'est pas « chaude » comme on parle des quartiers « chauds », bien que son passé ait inclus cette chaleur-là, au temps de la Coloniale et des marsouins en goguette, au temps où la rive droite de la Penfeld, populaire et populeuse, était désignée comme « la médina » par les habitants policés de « Brest même », la rive gauche, la ville « française » des notables et des administrateurs. Brest est chaude parce qu'elle couve quelque chose, parce que la cendre n'y est jamais froide.

Une nuit de relâche, après les grandes tempêtes, je dois me partager entre deux soirées. La première, au Quartz – le complexe culturel chic –, réunit l'état-major de la compagnie des Abeilles, celui des affréteurs, conduit par l'Amiral, et des professionnels du remorquage, grands anciens et contemporains – Guitou porte la cravate mais n'a pu s'empêcher de voler le badge de son directeur général, et l'arbore sous l'œil réprobateur de Carlos. En fait, les marins sont heureux que les lointains propriétaires de l'entreprise se soient déplacés à la rencontre de leurs salariés et de leurs clients, et viennent fêter sur place les vingt ans de « station » du remorqueur brestois.

L'autre soirée se tient dans un petit restaurant baptisé « Un amour de pomme de terre » et salue la création mondiale du « plat de la SNSM » incluant la plupart des spécialités maritimes « incontournables » dont le clou est un fragment de pâté Hénaff sans lequel aucun pêcheur ni plaisancier ne s'aventure au large (l'hôte a promis de reverser 10 francs à l'association chaque fois qu'un consommateur choisira ledit plat). J'ai peut-être tort d'écrire que le restaurant est « petit ». Il paraît petit. Mais le contenu modifie beaucoup la perception du contenant. A l'entrée, on bute sur les Goristes – huit chanteurs, « 800 kilos sur scène », la brestoiserie incarnée, aussi légers que gros, aussi gros que légers. Derrière, les patrons et les équipages des canots finistériens – selon l'endroit, on est plutôt pêcheur, plutôt « marmar », plutôt militaire – ne sont pas non plus des gringalets, et déploient, pour nombre d'entre eux, une pilosité faciale intéressante.

Tandis que je pousse la porte, les Goristes attaquent :

– Cette chanson, comme la plupart des suivantes, sera dédiée à l'amiral.

L'Amiral avec majuscule, le locataire du

Château, est en effet concurrencé, non dans ses pouvoirs mais dans la saga, par l'amiral avec minuscule, Christophe Stéphan, qui fut le pacha de la DP, le maître d'œuvre des rassemblements de vieux gréements Brest 92 et Brest 96, et qui est maintenant, à la retraite, délégué départemental de la SNSM, courant d'un môle à l'autre, non moins bénévole que ses interlocuteurs. Quand on demande à l'amiral Stéphan s'il est breton, il répond : « Non, je suis bigouden ! » Enfant d'une famille « modeste », comme on dit, de Plozévet (le village qu'Edgar Morin et sa bande de chercheurs élirent jadis pour visiter la tribu étrange des provinciaux), Christophe Stéphan est le prototype de l'élève méritant et du Breton émotif – mais qui crèverait plutôt que d'afficher cette émotion, sauf en très petit comité. Organisateur ingénieux, marin jusqu'à la moelle, il démontre avec brio qu'on peut être foncièrement militaire et farouchement indépendant, sachant – c'est, aux armées, une tradition trop cachée quoique vivante – utiliser le règlement non point contre mais au service de l'humour. Quand il nous rejoint sur l'Abeille, en fin de journée, le rite est immuable :

– Mes respects, amiral.

– Je n'en crois rien. Bonsoir quand même.

Pour les Goristes, qui allument tout ce qui porte casquette et réclament la « libération » de la Penfeld, l'occasion est trop belle. D'un (très) ample mouvement tournant, ils encerclent l'amiral, et se déchaînent :

A Brest, ville à fayots où jamais rien ne pè-è-è-te…

L'amiral reste impassible comme il convient au gradé loyal. Mais l'œil rit. La congrégation des Obélix, ravie, enchaîne, très swing, à l'encontre des margats, les fonctionnaires chargés des mouvements du port :

Qui ne boit de l'eau que dans son pastaga ?
C'est les margats
Qui finit à cinq heures et à quatre heures
est sous son toit ?
C'est les margats
Qui dans sa thermos réussit l'exploit
De transformer en vin du café froid ?
C'est, c'est, c'est, c'est les margats…

L'assemblée tangue, l'amiral oublie de rester impassible, Nadine monte sur une table pour exécuter *Toute la musique que j'aime*, son Johnny favori, Guillemer, minuscule à côté des volumineux collègues, l'accordéon diatonique ondulant, de sa voix tout intérieure, qui t'oblige à venir vers elle, chante à son tour, les paupières presque closes :

Mais toi l'hôtesse
A la taverne de la tendresse
Quand je toucherai le port
Voudras-tu que je m'amarre encore
Le long du quai de ton corps ?

Et, comme d'habitude, lorsque Guillemer y va, un frisson passe. Mais les gros ont de la réplique :

Quand les Goristes seront maigres
Eh bien les maigres seront morts…

Le ton monte, les conversations se chevauchent, on hurle et l'on boit dans un nuage de fumée rêche. Mon voisin me raconte qu'il est tombé à l'eau en plein raz de Sein, qu'il a nagé presque une demi-heure, et que ses copains l'ont retrouvé, en pleine piaule, incroyable, après ça tu sais ce que vivre veut dire. Il s'interrompt. Une bouffée d'air froid précède Carlos, qui s'est échappé du Quartz pour dix minutes, scintillant dans sa tenue d'apparat. Une *standing ovation* lui est réservée. Et, dans le tumulte et les rires, il se débat :

– Déconnez pas, rendez-moi la casquette, j'ai emprunté l'uniforme…

La nuit sera longue, aussi longue que possible, jusqu'à l'aube, mais j'en connais qui basculeraient volontiers, tant que c'est parti, jusqu'à la nuit suivante, et qui remettraient ça, au-delà du sommeil, et du tabac, et de l'alcool, et des mots. Je m'esquive, le froid pince, l'anticyclone est bien accroché, mais on appareille quelquefois sous la lune et par mer d'huile – les pannes ne connaissent pas de loi. Mieux vaut que je me sauve, à regret. Ils sont fous, ces Brestois. Bons universitaires, bons marins, bons soldats, bons artisans. Bons maîtres, bons élèves. Et puis ils font la pirouette, ils passent de l'autre bord, dans un délire de pythonisse, une transe orgiaque. Ils parlent en langues, ils t'entraînent au banquet philosophique, lequel, philosophique ou pas, s'achève comme tous les grands banquets, dans les brumes. Et ils rient, pas des histoires de Marius, non, ils t'expédient dans un monde où le code est changé par décret, et si tu n'entres pas, si tu n'aimes ni Swift ni Lewis Carroll, si tu n'es pas adepte de la chasse au Snark, passé minuit, à la cinquième Coreff, si tu n'as pas le goût de l'outrance, si tu es dupe de la raison, alors tu as mille fois raison de ne pas entrer, car on n'en sort pas indemne.

Ils possèdent, les Brestois, une longue et instinctive expérience de la dialectique. Voilà une éternité qu'ils sont contre l'État comme Sacha Guitry était contre les femmes : tout contre. Ils s'en alimentent, avec des hauts et des bas, des privilèges et du chômage, ils le servent, et ils le fustigent. Au début de ce siècle, après les émeutes de 1904 où « Brest la rouge » s'insurgea, mordit la main qui la nourrissait, et en subit les conséquences, le ministère de l'Intérieur, grâce à ses services occultes, avait conçu un *Carnet B* recensant les individus qu'il convenait, en cas de crise ou de guerre, d'envoyer en prison. Le Finistère, dans le *Carnet B*, occupait un chapitre sans commune mesure avec sa démographie. « Le Finistère » est façon de parler, ou d'écrire : c'était Brest, le repaire des malpensants, malfaisants et autres irrécupérables. 98 noms étaient épinglés, et, parmi eux, les noms de 73 employés de l'arsenal. Victor Pengam, secrétaire général du Syndicat anarchiste des ouvriers du port, fut poursuivi en cour d'assises pour « excitation de militaires à la désobéissance ». Il y a peut-être la France et la Bretagne. Il y a sûrement la Bretagne et Brest.

Je rejoins Carlos, tardivement libéré de ses obligations, au Tara, le pub irlandais du « porco ».

Et je lui dis que Brest est bien sa ville, sa ville à lui, et celle, aussi, de l'Abeille Flandre. Tu vis dans l'ordre et la discipline, dans le nécessaire enchaînement des décisions sages, dans la précaution portée jusqu'à la routine. Tu fais ton devoir, tu remplis ton contrat, tu te méfies de toi-même, tu t'obliges à des siestes, tu restes chaste pendant le service, or le service dure longtemps, tu rédiges des rapports minutieux, tu repars dans la tempête alors que tu viens d'en prendre, sans discuter un instant, tu respectes la consigne, tu es fier d'assurer cette mission précise, tu lui sacrifies tes impulsions et tu soutiens, dans la foulée, que l'esprit de sacrifice n'est pas ton truc, pas du tout, que le principe de plaisir est ton moteur. Mais le jour où le vent est vraiment tombé, où tu crois en conscience que ça ne bougera plus, qu'il n'est pas imprudent d'être fou, alors la digue est mince, si mince que tu la romps parfois.

– Le problème, dit Carlos, c'est que j'ai du mal à faire peu.

Nous sortons, ma tirade sentait la bière. Le port est bleuté de lune, l'Abeille seule crache du feu. Tiens, les Quatre Vents sont encore ouverts, Phi-Phi est en train de polir son zinc soutenu par une demi-coque de bois chaud. Un dernier, juste le dernier ?

Va pour le dernier. Ce soir, c'est mi-Quartz, mi-Goristes.

*

* *

La transgression, dans ce métier, n'est pas seulement l'échappée belle et rare, la nuit du retour à la terre où l'on s'accorde, hors service, une interminable parlote, de plus en plus pâteuse, et où l'on rentre vers la coupée, un peu honteux de tant d'excès, un peu frustré aussi, car l'excès, finalement, n'était pas si excessif que ça, rien d'extraordinaire, ni septième ciel ni enfer, juste mal aux cheveux, juste le besoin ambigu de faire tanguer le sol – pour changer.

En vérité, la transgression est le cœur même de ce métier, et peut-être son âme pour ceux qui croient en l'âme. Parce que la prise de risque, elle, n'est pas écrite dans le contrat. A la pêche, il est un moment où l'on cesse de pêcher. A l'offshore, il est un moment où l'on cesse de travailler. Mais le sauveteur – bénévole ou professionnel – ne connaît aucune limite, hormis les limites que lui imposent la mer et sa peur. Il ne se contente pas d'exécuter un ordre, de lancer les moteurs ou de larguer les aussières. Les choses sérieuses commencent au-delà de l'ordre, au-delà de ce qui est attendu d'un « personnel d'exécution ». Voilà tout le mystère.

Exemple. Le 9 février 1988, dans un coup de vent croissant de force 9 à 12, Jean Bulot et l'équipage de l'Abeille (Carlos, alors, est lieutenant) ne chôment guère. Ils escortent d'abord un cargo turc, le Polisan, en avarie de barre dans le suroît de Sein. Puis ils captent le *Mayday* d'un chalutier concarnois, l'Alcor, qui a été couché par les vagues au point que la mer, envahissant la cheminée, a noyé la machine. Il flotte, au fil de l'eau, sans propulsion. L'Abeille se met en route, les pêcheurs sont loin, à 55 milles de Créac'h.

Mais le COM intervient : un porte-conteneurs polonais, le Professor Szafer, est déséquilibré par sa pontée qui cède, il faut, lui aussi, le rejoindre d'urgence – la frégate Tourville, de la Royale, se tiendra, d'ici là, auprès de l'Alcor. La deuxième escorte bouclée, l'Abeille repart vers le chalutier qui a dérivé vers Ouessant. Quand le remorqueur arrive sur zone, peu avant le jour, les creux atteignent 15 à 18 mètres, il grêle, la passerelle de l'Alcor, où sont réfugiés les cinq hommes d'équipage, commence à se dessouder tant sont violents les paquets de mer. Et les marins de l'Abeille, depuis le château, regardent ce chaos en songeant qu'il va falloir sortir, et plonger dedans.

Ils y vont à six. Une vague les couche, les traîne et les noie. Lorsque Carlos, qui était le plus abrité mais qui a été emporté jusqu'à l'avant, réussit à se lever et à dresser l'inventaire, il constate que quatre de ses compagnons sont blessés. Alain Maillard, le second capitaine, est coincé dans les bittes. Seul un matelot, Dan, un garçon de l'île de Groix, est opérationnel. Les éclopés se replient vers l'intérieur, mais une déferlante les rattrape jusque dans la coursive, et envahit cette dernière. Dan et Carlos restent sur le pont. La VHF du lieutenant est passée par-dessus bord, le fusil lance-amarre est hors d'usage.

– Dan et moi, dit Carlos, on se regardait, on se jetait des coups d'œil, on n'osait plus regarder la mer tant nous avions peur d'être paralysés de peur. Les copains annonçaient les pions dans le haut-parleur, et nous cherchions l'abri.

Jean Bulot réussit une manœuvre exceptionnelle. Il amène le gros remorqueur à quelque

2 mètres du petit chalutier dont les occupants attrapent une touline. Entraîné par son geste, le patron de l'Alcor bascule, est récupéré *in extremis*, et retrouve le gaillard de son bateau. Sinon, il mourait sans aucun doute. Dan et Carlos sont à nouveau balayés. Mais ils se remettent debout et reprennent le travail. Une petite pantoire suffit, une pantoire de 28 assortie d'une aussière de 100 mètres. La houle est telle que le chalutier, par moments, semble suspendu au-dessus des hommes de l'Abeille, prêt à les écrabouiller. Juste après 9 heures, la remorque est connectée. Jean Bulot fait route à vitesse lente, en attelage court. A l'intérieur, la table du salon d'équipage – rivée au sol – a cédé. Un radar est hors d'usage. 50 centimètres d'eau circulent dans la coursive bâbord. Carlos et Dan rentrent. Ce dernier, alors, mais alors seulement, se plaint de sa jambe, qui est fracturée. Il n'en a pas parlé jusqu'à présent, ou bien ne l'a pas senti. Une fois au port, les Concarnois viennent saluer et remercier leurs sauveteurs, ils les avaient crus tous morts sous la première déferlante :

– On pensait faire un métier de fous. Mais vous autres…

L'histoire se termine par des médailles, qui n'ont pas été volées. Mais les médailles récompensent de manière éclatante un acte qui vient de l'obscur. Pourquoi le matelot Dan n'a-t-il pas flanché avant d'être certain que les cinq naufragés étaient pris en charge ? Pourquoi des hommes acceptent-ils de mettre leur vie en jeu afin que d'autres hommes échappent à la mort ?

Est-ce un métier ? Carlos, là-dessus, est catégorique. Non, cette partie-là du métier n'est plus un métier. Ce n'est pas un dû, cela n'a pas de prix, ni de salaire équivalent, ce n'est pas un fragment de « culture d'entreprise ». A un certain stade, celui où l'on engage sa peau, voire, plus simplement, celui où l'on craint de l'engager, une démarche volontaire et singulière est requise. On ne peut pas expliquer ce choix par la seule recherche de l'exploit, par le narcissisme héroïque, ni par l'émulation. Même si ces éléments jouent, ils pèsent infiniment moins qu'autre chose : l'articulation nécessaire entre le caractère très individuel de la résolution qui a été prise et le caractère éminemment collectif du travail effectué. Un bateau chargé d'assister les autres, c'est et cela doit être l'absolue liberté confondue avec l'absolue solidarité.

– Tu comprends, explique Carlos (sa cigarette pianote sur la table, il cherche ses mots attentivement), une opération, c'est une multiplication, ce n'est pas une addition, et c'est la multiplication d'éléments particuliers. Cette ambiance de fête que nous partageons, après un remorquage, c'est le plaisir de l'acte accompli, pas de l'acte réussi : de l'acte accompli. Il ne s'agit pas de gueuler que nous sommes les plus forts, il s'agit de parvenir à donner ensemble ce que nous sommes capables de donner ensemble. Un échec, quand on a tout essayé, et quand on a tout essayé en commun, c'est aussi un acte accompli dont nous continuons de supporter ensemble le poids. Ce qui serait le plus grave, ce serait que la solidarité n'ait pas joué, ou pas à plein, que les volontés singulières n'aient pas fonctionné de manière concourante.

Il me sort tout ce discours d'un jet, ça vient

du fond. Nous sommes seuls à la passerelle, sous le babillage croisé des radios. Le printemps est arrivé d'un coup, sans transition, la rade brille.

Et commander un navire pareil, est-ce commander différemment ?

C'est reparti, la cigarette tremble. Carlos me raconte ses débuts, jeune officier, aux Abeilles. Le commandant sur lequel il était tombé exigeait que chacun, à bord, même s'il n'était pas de quart, même s'il restait disponible dans les délais convenus, montât toutes les quarante minutes à la passerelle pour signer un registre. Quarante minutes, pas quarante et une. Et Carlos, réputé forte tête, on se demande pourquoi, était surveillé de très près. Les soirs où il n'était pas de service, il s'installait ostensiblement à la terrasse du café voisin, se présentait à h + 39, ressortait à h + 40, retrouvait ses amis au café, revenait à h + 39, et ainsi de suite jusqu'à ce qu'un des deux se lasse.

Voilà, tranche-t-il, ce qu'il ne faut pas faire. Il ne faut pas traiter comme un suspect, un enfant ou un larbin quelqu'un à qui on demandera, peut-être cette nuit, peut-être la nuit prochaine, de risquer sa vie librement. Le soldat s'est engagé, ou bien est appelé sur ordre d'en haut, et il obéit. Mais le marin de l'Abeille, lui, est embauché comme cuisinier ou mécano. Le reste, les promenades nocturnes en Zodiac dans des creux de 8 mètres, le reste suppose un acquiescement, et cet acquiescement, on le sollicite, on l'obtient, on ne l'ordonne pas. Il m'est arrivé, confesse mon interlocuteur, de céder moi-même à cette tentation, de viser la perfection au mépris des hommes, cassant et lointain. Le résultat n'a pas traîné : une atmosphère détestable, un équipage agressif, des rumeurs désobligeantes, un commandant irrité, fragilisé, sur la défensive, incapable de se ménager lui-même par obsession d'en remontrer aux autres, jusqu'à la crise et à l'épuisement, jusqu'au malaise vagal.

– Qu'as-tu fait ?

– Dès l'embarquement suivant, j'ai réuni les gars et je leur ai dit que nous devions nous y prendre et que je devais m'y prendre autrement. Ç'a été une libération pour tout le monde, moi le premier…

Mais quelle est la fonction véritable d'un commandant, par-delà l'impératif technique, quel ciment parvient-il ou ne parvient-il pas à glisser entre les pierres de l'édifice ? A force d'en débattre avec les marins de l'Abeille, débat éminemment informel, au fil des quarts, des nuits, des repas, et des verres chez Martine, la gentille hôtesse de L'Abri des flots, je suis parvenu à une conviction : l'image paternelle ou paternaliste du « Vieux » est désuète. Le commandant n'est pas le père du régiment. Sur le remorqueur, c'est un marin parmi d'autres marins, assurément plus expérimenté, plus apte à déplacer en souplesse tant de tonnes assemblées, mais un marin auquel échoit toute la peur du bord, la peur dernière, et qui doit la porter, l'entendre, la partager, la canaliser. Cet homme-là est payé pour avoir peur, ou, plus exactement, pour tirer de la peur latente un profit dynamique. Non que la peur, en temps ordinaire, menace ou rôde. Il n'empêche : si elle pointe, on sait où, chez qui, sur qui la déverser. Semblable destin exige des qualités propres, apparemment contradictoires. Un commandant qui cède à la peur ne commande pas. Mais un commandant qui ignore la peur, ou, pire, qui feint de l'ignorer, ne commande pas non plus.

J'expose à Carlos mon hypothèse. Elle ne le séduit qu'à moitié, toute cette peur sur le dos, ma foi, ça lui paraît beaucoup (aurait-il peur de la regarder en face, cette peur dans le dos ?). Non, ce qui le tracasse plus, c'est la manière dont le commandant doit assumer l'ensemble de ce qu'il advient, sans exception aucune, sans rejeter sur autrui la responsabilité de l'erreur ou de la bavure. Et ce, d'autant plus que la marge d'initiative des uns et des autres est élevée. Ce serait trop facile de botter en touche, trop tentant, trop lâche. Si Denis, le matelot accidenté sur le Rosa M, s'est blessé en tombant, ce n'est pas par maladresse, dit Carlos, c'est parce que toutes les précautions n'étaient pas réunies, c'est parce que nous, les patrons du chantier, n'avions pas pensé assez loin, suffisamment anticipé.

Récemment, lors d'une prise de coffre, à Ouessant, un marin est tombé à l'eau, depuis la lisse, au-dessus des tuyères. Il a eu le réflexe de se cramponner au bout fixé à la tonne, mais, dans le tourbillon, ce geste l'a, quelques instants, dissimulé aux yeux de ses collègues qui le voyaient disparaître sous l'eau. On a eu très peur. Carlos a débrayé les moteurs, près des cailloux. En un rien de temps, tout était rentré dans l'ordre – petite glissade à l'occasion d'une manœuvre répétée mille fois. Le commandant ne l'a pas entendu ainsi. Assemblée générale, analyse de l'incident, décision, placardée à la passerelle et dans les coursives, que l'amarrage, désormais, se ferait à l'aide du Zodiac. Même si, durant des années, on a procédé autrement sans la moindre complication.

– C'est moi qui avais manqué de vigilance. Je me suis dit souvent que la manœuvre était délicate, mais on savait faire, on l'avait prouvé…

Après cela, Carlos me jurera que non, sans façon, il n'est pas payé pour avoir peur. Sa philosophie du commandement, au fond, est exactement contraire à celle de beaucoup d'hommes politiques : inscrire la victoire au compte de l'effort mutuel, et l'échec ou la faille à son propre compte. Ne jamais se décharger sur un subordonné de l'erreur ou de l'accident. Il répète souvent qu'un remorquage bien mené, c'est à 98 % le fruit du savoir-faire de l'équipage. Nadine est agacée par ce qu'elle considère comme une modestie outrée, comme une incapacité à revendiquer sa juste part.

– Absolument pas, répond Carlos. Le jour où les gars seront attaqués, je serai devant, je me mettrai en avant.

Il n'en démordra pas. Le printemps s'installe, le ciel s'adoucit, nous sortons par épisodes et revenons à quai, je profite des escales pour affiner mon enquête. Cette solidarité avec « les gars » est-elle affective ? *A priori*, non, dit Carlos, c'est un vrai lien professionnel, tissé par la mission elle-même. Une fois débarqués, les marins de l'Abeille se rencontrent peu. Les amitiés peuvent évidemment naître, mais elles s'ajoutent, se superposent à la relation de travail. Non que le commandant soit tenu à une quelconque obligation de réserve. Cependant il est bon, il est sain qu'il s'entraîne à se détacher d'un rapport électif à ses collègues.

Je réclame de plus amples précisions. Ne serait-il pas souhaitable, et même rentable, qu'un équipage soit coopté, qu'un leader choisisse lui-même ceux dont il se sent le plus proche, en qui sa confiance est la plus vive ? Le clan ne serait que plus soudé. C'est une vieille lune, objecte Carlos. C'est une illusion : il n'existe pas d'équipage idéal, et la quête de ce dernier pèche par arrogance ou par naïveté. Le regard de celui qui choisit est incertain. Les qualités de celui qui est choisi sont sujettes à variations. Vouloir s'enfermer dans une caste aristocratique n'est pas gagner en performance mais perdre en richesse et en mobilité. Tout homme, à un moment ou un autre de sa vie, a le droit d'être perturbé par une maladie, un problème d'alcoolisme, un deuil, un désespoir d'amour. Si ton équipe est refermée sur elle-même, la défaillance provisoire d'un élément tourne au drame, et pour l'élément concerné, et pour la collectivité.

Il raconte, en forme d'autocritique :

– Au début, quand je suis devenu officier, j'ai rêvé de rassembler autour de moi une bande de premier choix, les meilleurs des meilleurs. Aujourd'hui, je pense qu'il n'y a pas de mauvais équipage et qu'un bon commandant est celui qui se démerde avec ce qu'il a. Je m'arrange des gens que la compagnie m'envoie. Eh bien, je l'ai, ma bande de premier choix. Et puis j'ai appris que le plus caractériel des marins, celui qui peut devenir mauvais, à l'escale, quand il a un coup dans le nez, est aussi, à bord, le plus calme dans l'action. Ce n'est pas de normes et de chasseurs de têtes que nous avons besoin. C'est de gens qualifiés, bien sûr, mais volontaires pour cette mission-là.

Un souvenir illustre l'option, presque une fable ou un conte philosophique. En 1978, à vingt-quatre ans, Carlos, muni de son diplôme d'officier de la marine marchande, se demande où et comment il accomplira ses obligations militaires. Familier du monde des « voileux », il rencontre le père Jaouen, jésuite et bourlingueur basé à l'Aber Wrac'h, qui a eu l'idée d'embarquer sur deux vieux gréements des jeunes gens confrontés à diverses épreuves, notamment à la drogue. Fort en gueule, bon marin, Jaouen, devant l'adversité financière et technologique, pense que Dieu y pourvoira. Il recrute Carlos qui est illico propulsé commandant du Bel Espoir – le navire amiral –, fonction qu'il remplira, par dérogation, en guise de service national.

C'est un beau trois-mâts, le Bel Espoir. Il prend l'eau, la pompe fonctionne en permanence, le calfatage ne tient guère. Dieu y pourvoira. On pourrait creuser la coque avec une petite cuillère. Dieu y pourvoira. Séduit par le bon père, le nouveau commandant n'en pense pas moins qu'il n'a jamais rencontré, dans sa courte existence, un homme d'aussi mauvaise foi. Ses prédécesseurs lui enseignent quelques tours propres à sauver le navire. Tu profites d'une sortie pour mettre le cap sur Cowes. Là-bas, dans le Solent, tu trouveras une vasière de toute beauté, la boue y est grasse à merveille : tu t'échoues là-dedans, tu laisses les Anglais perplexes, en fin de marée les interstices entre les bordés sont colmatés par la nature, et tu es tranquille jusqu'à la prochaine tempête. Dieu y a pourvu.

Le Bel Espoir flotte. Mieux : il sauve plus riche que lui. Lors de la première route du Rhum,

Carlos – en liaison avec Éric Tabarly dans un Bréguet Atlantique – porte assistance à Marc Pajot, blessé et en difficulté au milieu du golfe de Gascogne, et dépanne deux autres concurrents (l'un d'entre eux appelle sa maman à la radio mais, une fois ramené sur terre, se croit Magellan et oublie instantanément ceux qui l'ont épaulé). Il flotte, le Bel Espoir, mais à la grâce de Dieu. Rentrant sur les Açores, il ramasse une queue de typhon, l'eau monte, et Carlos prend le pari d'amarrer la barre, de débrayer le moteur, et de laisser bouchonner le bateau. Lequel tient jusqu'au port, manquant couler à quai. Dieu y a pourvu.

L'art de naviguer, sur un bâtiment pareil, ne suffit pas. Il faut apprendre à négocier, à diriger, à consoler, à sanctionner. Le jeune commandant, outre les voies d'eau, doit se débrouiller, sans formation aucune, avec des toxicos qui ont le même âge que lui et qui continuent à se défoncer sous ses yeux tandis qu'il se défonce pour eux. Il improvise, il suit son instinct. De temps à autre, pour remplir les caisses, le trois-mâts est loué à un comité d'entreprise. Entre Saint-Barth et Porto Rico, changement de décor : on promène des hôtesses d'Air France, et la promenade est si jolie que le commandant célèbre des mariages d'une semaine dont certains, foudre divine, ont duré beaucoup plus.

Entre le père Jaouen et le Ciel, la partie de poker se poursuit, version poker menteur. Un beau jour, l'équipage du Bel Espoir (ils sont trois ou quatre permanents) accueille, à Saint-Malo, des passagers inattendus : dix-huit hommes – le plus âgé a cinquante-trois ans – internés dans un hôpital psychiatrique du nord de la France. Un psychiatre, son épouse et deux infirmiers encadrent le groupe. Les malades sont pour la plupart issus du milieu rural, la mer leur est inconnue. Ça commence mal. Un silence épais rompu par des hurlements d'allégresse lorsque, la marée ayant descendu, le sabord laisse entrevoir la culotte d'une dame à la courte jupette s'avançant au bord du quai. Les coursives blanches, blanches comme un couloir d'établissement « spécialisé », provoquent, elles, un mouvement d'effroi (on les repeint en bleu sans traîner). Et, dès l'appareillage, il s'avère que les malades, gavés de neuroleptiques, résistent parfaitement au mal de mer tandis que leurs accompagnateurs, eux, sont prostrés.

Carlos met le cap sur l'Irlande, optant pour un pays catholique où le fou est jugé respectable. Lors d'une première halte aux Scilly, il décide que les touristes dont il a hérité seront bel et bien traités comme tels, et non point consignés à bord. Jamais, sans doute, le Mermaid, pub sublime de l'île Sainte-Marie, dont les poutres sont des fragments de mâts ou de beauprés issus de vaisseaux naufragés, n'a connu pareille clientèle. L'un, Gros Bébé, suce son pouce, l'autre garde constamment les mains en l'air. Reste qu'ils voient du pays, et qu'ils apprécient l'expérience, par signes, par le truchement des mots abondants ou rares, voire, tout simplement, en suivant le mouvement.

Sur la route de Kinsale, les marins du Bel Espoir instaurent des quarts, comme si leurs visiteurs étaient ordinaires. Un radariste, un veilleur de chaque bord, un timonier, un chef de quart, et vogue le trois-mâts. Dans la nuit, Carlos se cache à l'orée de la passerelle et observe l'attitude de ses pensionnaires. Le timonier part plein nord, puis plein ouest, annonçant chaque fois « Je suis au cap », message que Gros Bébé, suçant toujours son pouce, reçoit avec flegme. L'homme aux avant-bras éternellement levés est planté devant le radar et discerne un écho. C'est le feu du Fastnet, mais les deux veilleurs, le voyant s'éteindre et s'allumer, jugent qu'il s'agit d'un navire à l'allure erratique. L'attelage est un brin désordonné, la trajectoire est sinusoïdale, mais la démonstration est faite : la nef des fous progresse.

D'ailleurs, on arrive à Kinsale. Et les Irlandais sont tant émus par l'audacieuse croisière qu'ils organisent une réception à l'église. L'émotion est vive, la presse locale lui donne de l'ampleur, et une collecte réunit assez d'argent pour conduire les dix-huit apprentis navigateurs jusqu'à un château où une pierre miraculeuse, la chose est avérée, guérit les fous. Enfin presque. Au retour, les miraculés demeurent, *grosso modo*, semblables à eux-mêmes, quoique heureux de l'excursion. Et reprennent le large.

La partie n'est pas toujours facile. Certains malades continuent à se taire obstinément. Un d'entre eux menace, en toute occasion, de se jeter par-dessus bord –, Carlos le devance, non sans avoir préparé l'affaire avec son second : il enjambe la lisse et plonge, banalisant l'événement, et c'en est fini du chantage. La pire complication ne surgit pas dans le camp des soignés. Tandis que le Bel Espoir rebrousse chemin vers Saint-Malo, c'est le psychiatre qui craque. Il pleure, il veut abrutir de médicaments sa bande de fous, il ne supporte plus que ces derniers changent d'attitude (plusieurs, qui n'avaient pas émis un son depuis des années, commencent à s'exprimer), et il supporte moins encore de partager leur vie sans le secours et le filtre de l'institution psychiatrique. On soigne, donc, le psychiatre, on le remonte, on le drogue et on l'empêche de droguer autrui. Les fous le traitent de fou, les fous se traitent de fous entre eux. Le situation est un peu confuse mais tout le monde rentre au pays, sauf et relativement sain.

Carlos et ses coéquipiers n'ont pas retiré de l'expérience un article pour *Nature* ou *Lancet.* Ils ne savent toujours pas, aujourd'hui, si l'entreprise était folle ou non, si la démarche thérapeutique était fondée. Ils s'en sont tirés grâce à l'humour, grâce, également, au respect qu'ils éprouvaient pour ces voyageurs encombrés d'un très lourd bagage. Ils les ont revus, par la suite, et les retrouvailles ont été joyeuses – huit patients avaient quitté l'hôpital pour une structure plus légère.

Médicalement, ils se sont gardés de conclure. Mais, concernant la navigation, ils ont formulé un axiome : aucun équipage n'est assez fou pour ne point former un équipage.

*
*   *

Le mot « peur » ressemble au mot « fou ». On ne sait ni ce qu'on dit ni ce qu'on pense. Sueur froide, frisson, trac, panique, signal précieux de l'imminence du danger, excitation ambiguë, tout cela est entrelacé comme les laminaires dans l'eau trouble. « Peur en mer ? Mais non ! » dit Jean-Paul. Et il le dit sans forfanterie, signifiant que cet élément est pour lui un lieu de vie « naturel » – mais Jean-Paul, qui connaît le travail sur le pont, sera le premier à parler du danger, et de la férocité de l'adversaire. Alors ? Existe-t-il une « vraie » peur, si ce n'est une « bonne » peur ? Dédé Cabon m'aide sur ce chemin. Tout jeune retraité, à un ou deux ans près, l'ancien chef de la Flandre aurait pu boucler trois décennies de remorquage. Dans sa maison secouée par le vent, où le baromètre enregistreur côtoie une maquette du remorqueur, je lui demande si le bateau lui manque.

– Habituellement non, ça va. Mais en janvier, au moment des grandes tempêtes, j'y étais presque, j'allais voir la mer, et je vous imaginais là-dessus, je vous imaginais très bien. J'étais quasiment à quarante minutes de l'appareillage. Peut-être que le fait d'être mécanicien me donnait plus d'appréhension pour vous.

Nous y voici. L'appréhension, est-ce déjà la peur ? Oui et non, répond le maître. L'appréhension n'a pas d'effet paralysant, elle est utile, elle te garde éveillé, disponible, elle te protège de la routine. Un chef mécanicien doit vivre dans l'appréhension (qui sait si les boutades de Guitou n'en sont pas le symptôme et le remède ?)... Il ne faut pas se laisser bercer, rassurer, par l'énormité du matériel. Une petite panne n'est rien, une petite panne au mauvais moment est terrible. Même sur l'Abeille, Dédé s'est épongé le front. C'est arrivé à l'instant même d'une prise de remorque : plus rien, plus d'embrayage, plus de puissance, plus d'énergie, la nuit. Et le cargo, derrière, qui déboulait. L'appréhension cultivée, entretenue, te fait gagner les secondes qui sauvent, dans ces cas-là.

– Nous avons décoincé rapidement. C'était un simple problème d'air, un détendeur qui avait crevé. En trois minutes, on a permuté le détendeur, débrayé, rembrayé...

Mais la vraie peur, c'est différent. Une fois, en 1979, Dédé Cabon a connu, simultanément, l'appréhension et la peur. Un cargo grec, un cargo tout neuf chargé de tanks et de Land Rover destinés à l'Arabie saoudite, avait été éperonné dans la Manche par un petit caboteur. La cale numéro 1, la grande cale avant, se remplissait d'eau et une partie de l'équipage avait été évacuée par hélicoptère, l'autre partie étant récupérée par le remorqueur. Le temps était médiocre mais sans plus. Traînant son colis, l'Abeille a demandé asile à Cherbourg. Réponse négative : le port ne voulait pas s'encombrer d'un bateau susceptible de sombrer ou de bloquer une passe. On s'est tourné vers les Anglais : Plymouth, rade militaire, ne voulait rien entendre non plus. Et l'on parcourt la Manche, en long et en large, sollicitant les uns, sollicitant les autres. Et le vent se lève, et le cargo pique du nez. Toujours rien, personne ne cède.

Le vent frais se transforme en coup de vent, le coup de vent en tempête. Le cargo, alourdi, tangue et roule, malmène la pantoire. Le commandant de l'Abeille multiplie, par radio, demandes et mises en garde. Mais chacun pour soi, débrouillez-vous, les capitaineries restent sourdes. La mer devient très grosse, anarchique, le remorqueur et le remorqué dansent un épouvantable tango, à qui domptera l'autre. Portsmouth, enfin, accepte d'entrouvrir sa porte. C'est à trois heures de route. Le cargo se plante dans les lames, étale de moins en moins. Une heure plus tard, sa gîte s'accentue, il va plonger. Pas question de larguer la remorque en bonne et due forme, l'épave est déserte, conserver des hommes à bord eût été criminel, le gaillard d'avant s'enfonce et personne, là-bas, ne peut libérer la pantoire.

Il reste une solution : pousser les quatre moteurs à fond, prendre de l'élan, et casser volontairement avant que l'autre n'entraîne l'Abeille. Le commandant et le chef sont d'accord, on y va, plein pot. Mais, dans le désordre des vagues, dans le tohu-bohu du vent, le « Vieux », involontairement, appuie sur l'arrêt d'urgence. Tout stoppe, la ligne d'arbre est bloquée, le remorqueur est inerte, force est de reparcourir toute la procédure – débrayage, lancement.

– Cela nous a peut-être pris quatre minutes. Le temps de faire son trou dans l'eau.

Les moteurs repartent avant, juste avant. Le câble se rompt en sifflant. Et presque aussitôt, la poupe du cargo grec soulage lentement tandis que la proue s'incline, les tanks et les Land Rover brisent leurs amarres, glissent à la mer comme des jouets renversés par un enfant. Le navire suit, d'un trait. Le mécanicien grec est à côté de son homologue français. Jusqu'au dernier moment, le groupe de secours illumine les sabords. Tous deux, cependant que le bateau coule, oblique, voient les hublots s'éteindre, un à un, au fur et à mesure que le flot noir aspire définitivement sa prise. Un remous blanchâtre, et c'est fini.

–*It's a good ship, it's a good ship,* répète le Grec, les larmes aux yeux.

Oui, c'était sûrement un bon navire. Si quelqu'un lui avait accordé l'hospitalité, il flotterait encore. Et Dédé Cabon n'aurait pas eu la peur de sa vie. Celle qui reste fraîche, intacte, quinze ans plus tard, qui ne revient pas la nuit comme un fantôme mais dont la saveur est inextinguible.

Cette peur-là, définitivement inscrite et surmontée, c'est en Algérie que Carlos l'a rencontrée, au début de l'année 1981. Il était alors second capitaine et s'apprêtait à remorquer une plate-forme de la mer du Nord. Changement de cap : il part sur Arzew où une catastrophe s'est produite. Le port d'Arzew est le grand terminal des pipe-lines sahariens, à l'est du cap Ferrat, entre Oran et Mostaganem. Une sorte de typhon a balayé la rade, et un gros pétrolier, armé par l'État uruguayen, a été drossé à la côte, gouvernail brisé, sous les torchères de deux usines à gaz toutes proches. Le Juan A Lavalleja est un excellent bateau, long de 270 mètres. Il était en train de charger du condensat, un produit gazeux liquéfié particulièrement volatil, quand l'ouragan imprévu, levant une houle énorme, s'est mis à souffler. Le commandant a décidé d'appareiller toutes affaires cessantes et de gagner le large, mais il avait déjà, dans ses cuves, 57 000 tonnes d'une cargaison dont le « point d'éclair » est très bas, 15 degrés centigrades. Les flexibles ont été débranchés au plus vite, les purges n'ont pu être faites. Ce bateau échoué est une bombe. Quand

Carlos et ses compagnons s'approchent du navire, en Zodiac, le détecteur de risque d'explosion couine à 500 mètres du pétrolier. Il faut arrêter le moteur et terminer à la pagaie, dans la puanteur saoulante des émanations redoutables.

La compagnie des Abeilles risque sa peau sur ce coup-là. Ses marins aussi. Jean-Pierre Roger, dit « Petit Bide », qui dirige la manœuvre, est un ancien du pétrole, familier des risques propres aux hydrocarbures et à leurs dérivés. Le tableau qu'il dresse devant les arrivants inciterait à la démission tout homme raisonnable. Le pont n'est pas hermétique, or le moindre contact entre la cargaison et l'oxygène sera fatal. Les fonds du bateau sont déchirés, la machine communique avec la mer. Il faut rétablir l'étanchéité des citernes à l'air. Et, ensuite, pomper le condensat, cuve par cuve. Mais ça ne suffit pas : il restera toujours à l'intérieur de quoi produire une explosion. Pour neutraliser l'ensemble, il convient de saturer les citernes avec un gaz inerte – moins de 0,1 % d'oxygène –, gaz qu'on fabriquera sur place avec du matériel importé de Hollande. Dédé Cabon est de la partie. Guitou s'occupe du gaz inerte. Une petite équipe, dix hommes, dont Carlos, vit et couche à bord. Une étincelle minuscule, un couteau qui tombe, et boum ! Entre les quarts, on joue au baby-foot, à l'abri du château. Et le briefing du matin s'ouvre sur la « pensée du jour », forcément profonde, genre où Guitou excelle – quand l'Abeille butine, le gaz butane…

Le pont est glissant, les pompes Framo très lourdes. A l'ouvrage, on respire du gaz, on a la tête qui tourne, une euphorie bizarre, chacun doit surveiller l'autre, chacun doit garder l'œil sur l'explosimètre. Le programme est cependant exécuté, jour après jour. Mais une tempête, de nouveau, est en vue, très sérieuse, force 9. Si le bateau se disloque, si les tôles jouent, tout saute. Il reste encore 17 000 mètres cubes de nitroglycérine à l'intérieur.

Ce n'est pas l'épouvante, mais c'est l'angoisse, le nœud dans la gorge, les boyaux qui trahissent. Ceux qui ne sont pas indispensables sont restés à terre d'où les autorités ont chassé les habitants. Les Algériens stoppent le pipe-line, les usines sont évacuées, les habitations côtières aussi. Le cœur de l'équipe reste sur le Juan. Il est trop tard pour changer d'avis : au crépuscule, les rouleaux qui encerclent le pétrolier interdisent la moindre tentative de débarquement. A la passerelle, le baby-foot n'est plus de saison, la tension monte. Personne n'exprime, fût-ce allusivement, ce qui court dans chaque tête : serai-je vivant demain ?

Carlos prend son quart à minuit. Rituellement, il l'ouvre par une ronde, un tour du pont. Il n'éprouve nulle envie de sortir du château où l'on se sent, même contre l'évidence, plus à l'abri, en retrait. Mais il songe que rompre l'habitude serait du pire effet. Il s'oblige à descendre, à gagner le pont. Les collègues, là-haut, ne le quittent pas des yeux. Dehors, il est terrifié. La coque, selon le vocabulaire en usage, est *twistée* par les vagues, elle se tord, elle craque, les fonds cognent, on ne sait pas ce qui grince, claque, gémit le plus, le dessus ou le dessous.

– Je me suis dit : si tu cèdes à la panique, les autres vont sauter à l'eau.

Il se contraint à marcher, dans les hurlements du vent et de l'acier, comptant ses pas un par un, pour en ralentir la cadence. Et un, et deux, et trois, et quatre… Il longe le Juan sur tribord. Il a vu des photographies, des films montrant l'explosion de pétroliers : les bâtiments s'ouvraient comme une boîte de sardines, de l'arrière à l'avant. Il reste sur le bord, il s'imagine que, si ça pète, il entendra rouler derrière lui la locomotive infernale, et qu'il aura peut-être le temps de se jeter à la mer. Il s'imagine cela sans être dupe de son imagination, c'est une histoire qu'il se raconte pour moins trembler, pour donner à sa marche l'apparence de la dignité, d'une trajectoire sensée.

Au niveau des citernes 3 se trouvent les tuyaux de chargement, les *pipes*, habillés de gros joints coulissants – l'écart entre leurs lèvres est, normalement, de 2 mètres. Carlos s'arrête, sans effort cette fois, transformé en statue de sel, en bloc de trouille : l'acier du pont joue si fort que les deux lèvres viennent en butée. Le bateau ne bouge pas, il se convulse. Carlos se retourne. Du milieu du pont, il voit le château tanguer. Ce qui monte alors en lui n'est plus de la peur, ni de l'affolement. C'est une rage de fuir, de courir. Il expire complètement, essaie, faute de contrôler ses jambes, d'observer une immobilité parfaite qui, de loin, pourrait donner le change, offrir une caricature de promenade attentive. Puis il marche, très vite, trop vite, ralentit, essaie de compter, n'y parvient plus, cache sa panique faute de la vaincre, progressant comme un homme qui est maintenant saisi par le froid et qui regagnerait volontiers la maison. Il y est. Il pousse la porte. Au pied de l'escalier, il fait halte, s'applique à maîtriser son souffle. Il attend cinq bonnes minutes que son cœur décélère un peu, et grimpe, doucement, l'escalier. En haut, on le guette, les questions jaillissent :

– Alors ? Alors ?

Il a préparé sa réplique. Ça ne sert à rien de proclamer qu'on sera tous morts dans deux heures.

– Alors, quoi ? Il y a de la mer. On ne va pas ballaster par ce temps-là. Je vais me coucher. Bonne nuit.

Et il se dirige vers sa cabine sous le regard ahuri des collègues. Ahuri mais confusément rassuré.

Carlos ferme la porte, s'allonge sur la bannette, et compte les heures sans dormir, glacé. Au matin, le vent méditerranéen est tombé comme il était venu. Et l'équipage du Juan A Lavalleja respire encore.

Il y aura d'autres alertes, mais de moindre intensité. L'orage, parfois, descend de la montagne et les éclairs cernent le chantier où les pompes sont à l'œuvre. Le pouvoir algérien, sans crier gare, décide tout à coup de mettre le bâtiment sous séquestre, et le commandant du Juan, Pedro, attend les officiels avec une mitrailleuse. Mais l'orage climatique et l'orage politique se dissipent. Au bout de trois semaines, le condensat est évacué, Guitou entame la production de gaz inerte : sa machine est installée tout à l'arrière, le plus loin possible des citernes, alimentée par un groupe électrogène sous contrôle d'atmosphère.

Le dernier acte n'est pas le moins pittoresque. Provisoirement désamorcée, la bombe est toujours encombrante. Comment déplacer un navire qui n'a plus de fond ? L'idée retenue est de le « gonfler », de le faire flotter, non pas sur un coussin d'air (l'oxygène reste dangereux) mais sur un coussin de gaz fabriqué par Guitou. L'architecte japonais du pétrolier rejoint le bord. Les tôles supporteront-elles la pression ? Le taux d'oxygène, qui s'élève, demeurera-t-il admissible ? Trois semaines encore, et le Juan accuse le premier coup de roulis. En remorque, il part pour La Ciotat, il entame une traversée de la grande bleue sans précédent. La météo a été scrutée dans ses moindres attendus. Entre le jour et la nuit, suivant la dilatation ou la rétraction de l'élément porteur, le pétrolier s'élève ou s'enfonce de 60 centimètres.

– Nous étions partis sur une autre vie. Et nous nous sommes retrouvés à la Taverne de Maître Kanter, chahutant comme des gosses, parlant trop fort, dérangeant les voisins qui nous regardaient avec la condescendance qu'on a pour les pochards. Petit Bide, qui est certainement l'homme à qui nous devons de n'avoir pas explosé, était si perdu qu'il s'est trompé de train, en repartant, et s'est réveillé à l'autre bout de la France. Quelle importance ?

Les actionnaires de la compagnie (ils ont par deux fois changé depuis), en ces temps lointains, n'avaient guère le sens de l'épopée. Le directeur d'exploitation, qui avait joué trop gros, même s'il avait gagné, fut remercié. Carlos et ses collègues reçurent une prime de 1 700 francs – le Juan A Lavalleja était assuré pour 20 millions de dollars. Ils ont hurlé que c'était la dernière fois, et sont retournés la fois suivante. La peur ne reçoit jamais son salaire, du moins le salaire qui se chiffre en monnaie. La peur n'est intéressante que si tu es acteur, responsable, et libre de dire non. « Pendant la Grande Guerre, au Chemin des Dames, commandé par un général Nivelle qui envoyait mécaniquement les hommes au casse-pipe, j'aurais été mutin... », gage Carlos.

*
* *

A Molène, un vieux monsieur m'attend devant un verre. Tranquille. La brume, ce soir, confond la terre et la mer. Depuis la passerelle de l'Enez Eussa, on ne voyait rien de rien. Dieu sait pourtant que le secteur est dangereux : des cailloux jusqu'au port, des marées si nerveuses qu'aux grands coefficients les voyageurs sont contraints de descendre au moyen d'un canot, le Docteur Tricard. Dieu sait tout cela, et beaucoup d'hommes l'ont appris, ceux qui sont morts sur les écueils de l'archipel, et ceux que les Molénais ont ici sauvés du naufrage.

Je monte le chemin du débarcadère et pénètre dans le bar d'Erwan. J'ignore qui m'attend, personne ne bronche, le maître des lieux me glisse, sur le zinc :

– M. Lacaze est là pour toi.

La scène ressemble au « drôle de jeu » des années sombres ou au chapitre premier des romans d'espionnage. Mais Louis Lacaze n'est ni agent de liaison ni officier traitant, c'est l'ancien président de la station de sauvetage, et le gardien de la mémoire locale – à ce titre, il m'a été dépêché. Habitué aux journalistes pressés et aux visiteurs futiles (à moins que ce ne soit aux journalistes futiles et aux visiteurs pressés), il a rédigé de sa main un opuscule où sont consignées les données géographiques, historiques, sociales de la vie molénaise, auxquelles est adjoint un sérieux chapitre voué à l'assistance en mer.

– Ça fait moins de bêtises qui se promènent…

M. Lacaze a le sens de la formule. Il estime que ses compatriotes sont les « inventeurs du sauvetage », non point du geste secourable, de l'héroïsme individuel – qui se rencontrent, fort heureusement, sous maintes latitudes –, mais du sauvetage organisé, bénévole, assuré « dans le coin » par les gens « du coin ». Le père, ou plutôt le grand-père de la trouvaille, serait un nommé Zacharie Dubosque, pêcheur, puis canonnier garde-côtes, enfin commandant d'une péniche de l'Inscription maritime. Il n'était plus tout jeune, Zacharie Dubosque, il avait cinquante ans lorsque, le 3 mars 1848, au lever du jour, les îliens découvrirent un trois-mâts anglais couché au milieu des récifs entre Molène et Balanec. Le navire jaugeait 800 tonneaux et était en route pour Sydney. Pris dans une chaîne de tempêtes, il avait déjà perdu treize marins. Les Molénais se groupèrent autour de leur recteur, sur la pointe la plus proche, et commencèrent à réciter la prière des agonisants. Mais on vit alors une barque, menée par un seul homme, se faufilant aux avirons entre les rochers, tirant parti des courants. C'était Zacharie. Quatre par quatre, voyage après voyage, il récupéra les malheureux, sous les encouragements de ses concitoyens et les coups de goupillon du prêtre.

En 1866 fut créée la « Société centrale de secours aux naufragés » qui dota l'île d'un canot à rames, le Saint-Renan, premier d'une longue série. La chronique rapporte que l'alerte était donnée par deux coups de canon et que les femmes avaient mission de pousser le canot à la mer. Ce dernier, explique Louis Lacaze, était juché sur un chariot fort lourd ; à marée basse de vives-eaux, le trajet n'en finissait plus, les Molénaises étaient parfois contraintes de s'immerger, hiver comme été, jusqu'au cou, et ne recevaient en contrepartie que la valeur d'un demi-euro. Armé jusqu'en 1901, le Saint-Renan, d'après les archives qui sont incomplètes, arracha quatre-vingt-dix-huit personnes au trépas.

Les exploits des îliens bénévoles inondent le livre d'or de la SNSM. Une figure, en particulier, n'a pas été oubliée, celle d'Aimable Delarue, dit Tonton Aimable ou le Grand Delarue, ancien patron du Jean Charcot (le successeur du Saint-Renan), qui fut, à la fin de sa carrière, l'homme le plus décoré de France, et obtint le titre envié, quoique non homologué, de « champion mondial du sauvetage » avec 132 sorties, 75 navires assistés, 355 vies préservées. En 1917, quand un vapeur suédois, le Manninken, s'éventra sur les roches des Pourceaux, il plongea et ramena lui-même vingt passagers.

Le mauvais esprit qui, dans ma mauvaise tête, ne dort que d'un œil, s'amuse à provoquer le narrateur : serait-ce donc un sport, le sauvetage, une discipline olympique où l'on serait en compétition avec les Espagnols du cap Finisterre ou les voisins des îles Scilly (des sacrés raseurs de cailloux, eux aussi, pêcheurs d'élite et fins pilotes, à l'entrée nord de la Manche, sachant lever l'aviron en cadence), avec remise de coupe au gagnant si le gagnant n'a pas fait son trou dans l'eau ? Mon interlocuteur repose son verre et me regarde paisiblement, il connaît l'objection, l'ironie ne l'atteint pas. Pour la dissoudre sans appel, il me raconte une histoire – celle, précisément, que j'étais venu chercher.

C'est la nuit du 25 au 26 août 1986. Le chef de quart du CROSS téléphone à Louis Lacaze en sa qualité de président de la station. Un cargo polonais, le Sopot, est sur le point de couler à 15 milles dans le suroît du Créac'h. Erreur de ballastage, il gîte horriblement, pour comble il s'agit d'un cargo mixte, remontant du Maroc avec trente et une personnes à bord, équipage et passagers. Vent force 10, mer très grosse, les creux atteignent 7 à 8 mètres. Les hélicoptères auront du mal à travailler, l'Abeille Flandre à s'approcher. Le Jean Charcot II pourrait-il appareiller ? La sirène retentit sur l'île Molène. Milo Masson, patron du canot, Goulven Perhirin, le sous-patron, et leurs hommes mettent, en dix minutes, le bateau à l'eau et contournent les roches par le sud. Près de la bouée des Pierres vertes, une lame propulse carrément le Jean Charcot dans les airs. Il retombe de tout son poids, jetant au sol ses occupants. La nuit est si noire qu'on n'aperçoit même pas la crête des déferlantes.

A ce moment, Louis Lacaze ignore que Charles Claden, dit Carlos, alors second capitaine de l'Abeille Flandre, est source des épreuves qu'endurent les bénévoles de la SNSM. Le remorqueur, commandé par Job Chapel, aperçoit le Sopot vers 22 h 15. La gîte est effrayante, quelque 28 degrés, le bateau se vautre, les Polonais sont réfugiés à l'arrière. Ils ont réussi, avant que la situation empire, à descendre une baleinière, et cinq d'entre eux ont ainsi rallié un navire de commerce qui s'est dérouté. L'hélicoptère de Lanvéoc en a hélitreuillé trois autres, puis son plongeur s'est gravement blessé et il a dû regagner sa base. Dans l'attente d'un second appareil, à supposer que le vent fraîchissant le permette, aucun moyen de secours n'est maintenant disponible – il reste vingt-trois personnes sur le bateau. Si l'Abeille vient plus près, elle risque de couler le cargo. Carlos et Job Chapel s'entendent bien, et sur le fond, et sur la manière. Ils imaginent ensemble une manœuvre assez délirante pour offrir une chance à ces marins perdus. Le remorqueur va s'orienter vent arrière, à 7 ou 8 nœuds. Carlos et un volontaire se tiendront prêts dans le Zodiac, moteur démarré, suspendu à la grue. Et l'on tentera une mise à l'eau, entre deux vagues, à la volée.

Un matelot accepte d'accompagner le second capitaine. Les voici tous deux, en combinaison de plongée, avec palmes et masque, parés à décoller. Job Chapel lance l'Abeille, le bosco, à la grue, compte les périodes, l'hélice du moteur hors-bord hurle dans le vide. Et ils sont partis, sur l'eau noire, sur les montagnes dont ils ne distinguent ni la cime ni la vallée. La mer est si forte que le Sopot, faiblement éclairé par son groupe de secours, est le plus souvent hors de leur vue, dévoré par les creux. C'est pire qu'ils ne l'imaginaient. Essayant d'attaquer la houle en biais, Carlos juge qu'il sera probablement impossible de revenir à bord, car le temps ne cesse d'empirer. Il crie dans la petite VHF étanche, et suggère à Job Chapel de requérir l'aide d'une vedette SNSM, capable de les récupérer et de les appuyer en cours de sauvetage. Un petit chalutier, courageusement, demeure sur zone au lieu de s'abriter. Mais un canot tous temps mené par des spécialistes sera plus sûr. Et le téléphone sonne chez Louis Lacaze.

Le Zodiac tient le coup. Carlos dégage le nable, à l'arrière – ordinairement, cette ouverture est destinée à vider l'eau et à maintenir les fonds secs. Le but recherché, cette fois, est inverse : lester l'embarcation en laissant la mer y pénétrer, la vitesse corrigeant l'envahissement. L'Abeille suit, éclaire tout ce qu'elle peut, allume les vagues, balaie le Sopot. Mais, auprès du cargo, l'expédition devient folie. La poupe du bateau fait des bonds d'une quinzaine de mètres, et lorsqu'on s'engage au plus près, on se retrouve fatalement dans le noir. Les Polonais sont cramponnés à la lisse, équipés de gilets de sauvetage. Aucun signe de panique apparente, l'équipage lutte en bon ordre. Mais la coque s'enfonce et bascule tout à la fois, affreusement brutalisée.

Il est inimaginable d'accoster. Carlos profite des vagues les plus hautes pour gueuler aux naufragés qu'ils doivent sauter à l'eau, par groupe de quatre. Un temps. Puis une silhouette se détache, s'élance et plonge dans l'obscurité qu'essaient de percer en vain les projecteurs de l'Abeille. Le Zodiac fonce à l'aveuglette et repère l'audacieux.

C'est un jeune homme. Un second marin suit. Et deux femmes, dont l'une a peut-être une quinzaine d'années, absolument terrorisées. Les sauveteurs empoignent les rescapés par le gilet, les attirent à l'intérieur de l'embarcation. Demi-tour. Là-bas, sur le pont du remorqueur, on prépare des bouts, des élingues. Carlos se rapproche. Par instants, il surplombe l'Abeille, puis il se retrouve au fond du gouffre. A 20 mètres de la poupe, il choisit sa vague, monte, dose les gaz pour se retrouver, quelques secondes, à hauteur de la lisse. Des mains, des cordages happent le premier Polonais. On recommence. Et de deux. On recommence. Et de trois. On recommence. Cette fois-là, tandis que le Zodiac prend son élan, le matelot dit au second capitaine :

– Je crois que j'ai trop peur. Si je continue, tout va foirer, il faut me remplacer.

– Saute ! répond Carlos. Saute, et envoie-moi quelqu'un.

À la prochaine occasion, le matelot imite ceux qu'il a ramenés à bord. Un autre marin, Éric, dit Rock-and-roll, qui était sur le pont en combinaison de plongée, le relaie d'une détente, atterrissant auprès de Carlos, tout étourdi, en vrac. Les deux hommes filent vers le Sopot, embarquent une paire de nouveaux transfuges. Les deux suivants posent plus de problèmes. Ils sont âgés, ils se sont laissés tomber à l'eau mais ils ne bougent plus, ils se sont préparés à mourir et ils attendent, passifs. Pour Éric et Carlos, ce sont les plus lourds passagers, qu'il faut hisser à toute force, contre eux-mêmes. Juste avant minuit, les survivants de la dernière heure embarquent pourtant sur l'Abeille. Et le Zodiac repart. Le prochain candidat à la vie est le père de la toute jeune fille recueillie au premier tour.

– Est-ce que ma fille est vivante ? Est-ce que ma fille est vivante ? répète-t-il en polonais.

Carlos lui donne une bourrade sur l'épaule et lui renvoie le seul mot qu'il connaisse dans sa langue :

– A ta santé !

Trois tours, quatre tours. Le Jean Charcot est en route, dans des conditions épouvantables. Et le superfrelon de Lanvéoc revient, lui aussi, à la limite de la sécurité. Le treuilliste et le plongeur adoptent la même méthode que les hommes de l'Abeille, invitant les derniers naufragés à se lancer à l'eau avant d'être pris en charge. Éric et Carlos se perdent dans leurs comptes. Tandis que l'hélicoptère s'éloigne, ils interrogent à la VHF Job Chapel : le Sopot est-il désert ou non ? Le commandant n'est pas sûr que tout le monde a été évacué. Dans le doute, le Zodiac accomplit un ultime voyage.

Le voyage de trop. Le vent a encore forci, la mer s'est encore creusée. Sous la poupe du cargo, les deux hommes hurlent. Pas de réponse, nulle trace de vie. Carlos :

– Le travail était fini et nous ne le savions pas. Cet aller-retour, c'était pour rien. Nous avons senti la peur nous envahir, la vraie trouille, le sang qui glace, les jambes qui lâchent.

L'Abeille donne des ruades désordonnées, roule en tous sens. L'arrière se soulève très haut, s'immobilise, retombe durement, renvoyant alentour des giclées virulentes. Il n'est guère d'instant où la lisse, même fugitivement, se trouve à l'horizontale. Éric et Carlos, qui n'ont plus le souci de leurs passagers mais le souci d'eux-mêmes, ont à présent l'esprit libre pour mesurer ce qui les attend. Au fond, ils pensent que, pour eux, la partie est perdue – ce n'est pas une pensée claire, c'est une évaluation intuitive, c'est ce que dit la moelle de leurs os. Ils décident de s'accrocher à la crête d'une lame, et d'abandonner le Zodiac à son sort en se jetant vers le pont, advienne que pourra. Avant d'adopter toutefois cette solution du désespoir, Carlos veut épuiser les procédures plus classiques. Par radio, il demande au bosco d'allonger l'estrope, le câble pendant de la grue, estrope qui se termine par un crochet sur lequel, en temps normal, on rassemble les quatre élingues de l'annexe – une fois les anneaux pris dans le crochet, il ne reste plus qu'à gruter, virer, et déposer le Zodiac sur le pont.

Le premier essai est infructueux. L'embarcation gonflable, noyée par un tourbillon, ne peut se stabiliser le long du remorqueur, fût-ce dix secondes. Carlos remet les gaz, revient se positionner sur l'arrière. Les lames défilent. Trop haute, celle-ci. Trop courte, celle-là. Trop incohérente, la troisième. La peur gagne du terrain, non pas une peur dynamique, une bonne lampée d'adrénaline qui te donne un coup de fouet, mais la mauvaise peur, celle qui ankylose, qui te rend gourd et te murmure n'insiste pas, c'est trop tard, c'est fini. Enfin une ouverture, une vague en forme de vague, qui ne s'effondre pas sur elle-même, puissante mais bien cambrée. Carlos pousse le moteur, la rattrape, l'escalade, ils sont contre la lisse, Éric bloque dans le crochet les quatre anneaux qu'il a réunis. Et les deux hommes, oubliant le Zodiac, plongent vers le pont comme ils plongeraient dans la plus bleutée des piscines, tête la première, bras en avant. Ils s'écrasent sur l'acier, dans un bain d'écume, ils n'ont mal nulle part, leur corps juge que cette matière verte et solide est un matelas délicieux. Ils se regardent et ils rient, pendant que le Zodiac, viré par le bosco, s'envole au-dessus de leurs têtes.

Job Chapel avertit aussitôt le CROSS que l'aide du Jean Charcot n'est plus nécessaire, tous les naufragés et tous les sauveteurs ayant été récupérés. Milo Masson, le patron, entend le message alors qu'il se trouve à seulement 4 milles de sa destination.

– Vous avez liberté de manœuvre.

– Bien reçu. Bravo à l'Abeille et aux hélicos.

Pas d'autre commentaire. Le canot rebrousse chemin vers Molène, le plus dur de la nuit est devant lui.

Le remorqueur est bondé. Des Polonais partout – ils sont seize, les autres ont été recueillis par le superfrelon. Carlos héberge dans sa cabine la deuxième femme qu'il a sauvée, une jeune et belle infirmière. Elle est saisie de tremblements, elle claque des dents, elle répète, quand elle réussit à parler, qu'elle allait mourir, qu'elle est morte, ou presque. Tout l'équipage est persuadé que le second capitaine l'a consolée en se consolant lui-même, abusant quelque peu de la situation.

– Non. Je l'ai rassurée, je lui ai tenu la main. Elle disait qu'elle me devait la vie. Franchement, c'est aussi fort que si nous avions fait l'amour.

L'Abeille reste auprès de l'épave, qui donne un peu plus de la bande à chaque lame. Les naufragés se réchauffent, parlent. Le père a retrouvé sa fille. Le commandant du cargo explique comment il a choisi le plus jeune et le plus vigoureux des matelots, au moment où Carlos les conjurait de se jeter à l'eau. Il lui a dit qu'il fallait y aller, qu'il fallait qu'il survive, lui qui était fort, pour que les autres l'imitent et survivent aussi. Vers 5 heures, le Sopot disparaît, à 14 milles du phare de Créac'h, dans une fosse profonde. Il coule à pic, en quelques secondes. Le chef mécanicien polonais descend au salon de l'équipage, empoigne une bouteille de whisky et la vide cul sec. Le remorqueur se dirige sur Brest.

Pendant ce temps, Goulven Perhirin est à la barre du Jean Charcot. Les familles des bénévoles de la SNSM ont rejoint Louis Lacaze au sémaphore et suivent, sur la VHF, la progression du canot. A l'entrée du Fromveur, on respire mieux. Ce n'est pas encore chez nous, mais c'est déjà chez nous. En fait, le grand torrent, fût-il familier, n'a rien de rassurant. L'étrave, le pont, l'arrière du canot semblent le plus souvent sous l'eau. La vedette embarde, part au surf, se couche trois fois complètement sur tribord. Le gouvernail réagit lentement, le barreur peine. Quand le port de Molène est proche, quand la barrière de récifs brise la houle et permet aux sept marins d'inspecter la coque, ces derniers s'aperçoivent que la proue est quasiment immergée. Première surprise. Le jour venu, ils tirent le canot au sec : là, ils découvrent que le pic avant est complètement défoncé. Même la double paroi a cédé, et 10 tonnes d'eau ont pénétré à l'intérieur. Ils reviennent de loin, d'aussi loin que les naufragés du Sopot. Si les cloisons étanches n'avaient résisté quelques heures, ils seraient morts.

– Voilà l'histoire, me dit M. Lacaze au pub d'Erwan. Cette nuit-là, nous n'avons remporté aucune médaille, gagné aucun championnat. L'ambassadeur de Pologne a eu la courtoisie de nous adresser une lettre de remerciements et le préfet maritime nous a complimentés.

Et cette nuit-là, Tonton Aimable était parmi les siens.

Les médailles, couleur vermeil, seront pour Éric et Carlos. Dès le petit matin, quand l'Abeille s'amarre à quai, les télégrammes tombent, les journalistes sont là, et une caméra de la télévision régionale amplifie la scène. L'interview s'achève par la question rituelle, celle qu'on pose aux starlettes en fin de tournage :

– Qu'allez-vous faire maintenant ?

– Pointer au chômage, répondent, pince-sans-rire, les deux héros.

Ce n'est pas une boutade. Une « compression de personnel » est annoncée, pour raisons économiques – nous sommes au cœur de la crise qui frappe la marine marchande. Et il a été décidé que les derniers embauchés seraient les premiers éjectés. Le second capitaine et le matelot figurent sur la liste. Congratulés, félicités par l'Amiral et par le ministre, mais licenciés. Éric souhaitait prendre une autre option, et n'y voit pas un drame. Pour Carlos, le deuil du remorquage est amer. Finalement, il sera récupéré *in extremis*, quelques anciens se portant candidats au départ.

Un homme, sur l'Abeille Flandre, est vraiment pitoyable en ce matin glorieux. C'est le matelot qui a eu peur, dans le Zodiac, et qui a demandé à être relevé. Personne ne formule pourtant le moindre reproche à son encontre, ni parmi les officiers ni parmi l'équipage. Un incident de parcours, une difficulté pratique. Le travail a repris en stricte continuité. Carlos a, comme chaque nuit, assuré son quart de 4 heures. Job Chapel doit rédiger le rapport de mer, énoncé rigoureux, conforme au livre de bord, des décisions prises, des résultats obtenus, et des dégâts subis – rapport visé ensuite par le quartier des Affaires maritimes. Le bosco ne manque pas d'ouvrage sur le pont. Le lieutenant raccompagne le médecin qui s'est occupé des Polonais. La page est tournée. Mais le garçon, qui s'estime fautif, veut parler à Carlos.

– Pourquoi ?

– Pour m'excuser.

– Tu n'as pas à t'excuser. Tu as été le plus courageux.

L'autre ouvre de grands yeux. Carlos, pédagogue, explique :

– Oui, tu as été courageux. Souviens-toi : tu m'as dit que ta peur risquait de compromettre le sauvetage. C'est le souci de la mission qui t'animait d'abord. Il fallait du courage pour que la mission soit ta première préoccupation à ce moment-là.

On n'y reviendra plus.

*

* *

Au fil du printemps, des escortes, des escales, je collectionne les récits comme d'autres chinent et fouinent. Ce n'est pas le seul « morceau de bravoure » qui est mon Graal. Mais une question plus élémentaire continue de m'obséder, toujours la même : quel est donc le moteur de cette bravoure, pourquoi des êtres qui ne cessent de proclamer leur banalité, et que la fausse modestie n'étouffe pas, oublient-ils, soudain, leurs petites médiocrités, celles de tous les hommes ? J'évolue, de par ma profession d'écrivain et d'éditeur, dans un univers courtois, érudit, instructif, agréable à fréquenter. Mais on y tuerait quelquefois pour une misère, pour un prix de saison. On oublie, en chemin, la promesse trop solennelle de ne jamais accepter la moindre médaille courtisane, et de juger vaine la compétition. On rêve d'une épée. A l'usure, on s'imagine créditeur. On s'abîme en futilités. On est bouleversé parce que le président vous a honoré d'un petit déjeuner tactique et machinal. On glose Balzac, sans voir qu'on est dedans. La culture et la vanité sont toujours allées de pair, pour de mauvaises raisons et pour une autre, qui est bonne : les sanctions symboliques sont, en bien ou en mal, les plus justes et les plus injustes, les plus gratifiantes et les plus douloureuses. Mes compagnons de l'Abeille, eux, ne boudent pas les médailles, ne courent pas après non plus : ce qui est fait est fait, ce qui était remarquable est distingué. Normal. Autant en apporte et en emporte la marée. Ça repose.

Carlos ne se rappelle pas avoir été submergé par la frayeur rétrospective quand il a regagné le navire, son travail accompli. La jubilation d'être vivant parmi les vivants était un excellent antidote. C'est la nuit suivante, me raconte-t-il, pas avant, que la sueur froide est venue. Un film humide sur la peau, un film en boucle dans la tête, chaque scène ranimant l'autre scène, tu essaies d'arrêter l'image mais le ralenti est pire : quand elle se fige, loin de te détacher, tu bascules dans l'analyse pointue, dans le scrupule, et la préciosité sourcilleuse des *Cahiers du cinéma* n'est rien à côté de cette névrose critique, ce n'est pas seulement la peau qui se hérisse, c'est le cortex aussi, il est trop simple de soutenir que la machine proteste, la machine a bon dos, tout proteste, la machine et le pilote, comme quoi il est possible de trembler et de penser en même temps.

J'essaie de le pousser dans ses derniers retranchements. Tu aimes jouir, tu aimes à la fois la rigueur et l'indiscipline, tu as horreur des trompe-la-mort affichés et des robots prêts à mourir après l'entraînement, tu n'attends pas de tes hauts faits une reconnaissance éternelle, et le paradis, hélas !, ne te semble accessible ni sur terre ni au ciel : pourquoi ce sens aigu de la mission, si tu n'es missionnaire ? C'est à cause de mon grand-père, dit Carlos, mon grand-père catalan et républicain dont j'ai appris la mort quand j'étais embarqué, loin de lui, dans une sacrée tempête. Cet homme-là, une fois finie – et mal finie – la guerre d'Espagne, était un médecin établi et un dignitaire politique. On lui a proposé une fictive présidence de la République en exil. Il a refusé. On lui a suggéré d'ouvrir, dans une grande ville européenne, un cabinet médical à succès. Il a refusé, il est parti soigner des mineurs dans le désert. J'ai hérité de cette forme singulière d'optimisme.

Est-ce donc l'élan charitable de cet aïeul qui t'emporte, et qui continue de t'entraîner ? Pas exactement, répond Carlos, cela m'est sympathique mais je ne pense pas être plus charitable qu'un autre. Ce qui est impressionnant, c'est d'avoir en soi l'image d'un homme capable de tout quitter, qui a tout quitté jeune, et – c'est plus rare – qui a recommencé plus âgé.

Je suis son raisonnement. Les marins sont gens du départ et de l'abandon. Le trait n'est pas chez eux une inclination esthétique ou métaphysique, mais le B. A.-BA du métier. Savoir qu'on va perdre cet horizon solide, et qu'il en est d'autres, non moins fragiles, qu'on perdra de nouveau, et que l'horizon du retour est lui-même fugitif. Sur le Rosa M, le plaisir que prenait Carlos, avant d'être un plaisir sportif, le plaisir de l'épreuve et de la victoire, était d'abord celui-là : s'installer dans un monde seulement défini par ce qu'on a résolu d'y entreprendre, et savourer, quelque temps, cette cohérence provisoire. Au moment du sauvetage (un combattant soutiendrait peut-être qu'une guerre procure la même sensation, et suscite le même choix, mais un sauvetage n'est pas une guerre, la vie et la liberté ne s'y achètent pas au prix du sang, sinon par accident, par malheur), il est un instant où tout bascule, où rien ne t'entrave, où tu es conduit par ta volonté nue.

Souviens-toi, ajoute Carlos, de l'histoire du chien, ce chien que mon grand-père tenait au bout de son fusil et qu'il avait, en principe, consigne d'abattre. Peut-être était-ce un chien enragé. Mon grand-père a jugé que non. Ce n'était pas faiblesse, ni sentimentalisme, c'est un homme qui s'était battu, il n'était pas non violent, il ne professait pas que les animaux étaient sacrés. Il regardait le regard de cet animal précis et tenait à m'enseigner que la loi est respectable, mais que certaines lois ne sont pas écrites, que chaque homme porte en lui un certain droit à l'interprétation du bien et du juste, et même un certain devoir de s'y aventurer.

Je saisis où il veut en venir, Carlos. Me convaincre que sa morale est étrangère à la subordination. Sauver n'est pas obéir. Plus qu'un impératif catégorique, le sauvetage est une culture. La fameuse « solidarité des gens de mer » n'est pas légende. Elle est propre à ceux qui partagent le secret de l'horizon insaisissable, à ceux qui connaissent le mystère de l'estran, la zone indécise entre la terre et l'eau, la frange des écueils et des remous d'où jaillissent le monstre et l'étranger – le comble de l'étranger, n'est-ce pas l'homme dont le navire est perdu, tellement vulnérable, tellement dépouillé, privé de mots, de vêtements, d'argent, de carte, que tu ne saurais l'abandonner ? Lionel est fils d'un patron de canot SNSM. Dominique, qui n'était pas encore lieutenant, s'est jeté à l'eau, adolescent, et a ramené un enfant qui se noyait – les témoins ne manquaient guère, mais personne n'y allait. Carlos, bon nageur, un jour où il se promenait sur la grève avec Nadine, a cru percevoir la dernière syllabe d'un « au secours » confus. Un homme était en train de couler. Il l'a repêché. Coïncidence ?

– Non, dit-il, ce n'est pas complètement une

coïncidence. Un autre n'aurait sans doute pas identifié le message, le SOS.

Le fin mot de ma quête, c'est un patron de la SNSM qui me le fournit. Nous bavardons auprès de l'eau un après-midi tiède, la mer siffle doucement, l'air est tendre, toute la sauvagerie de ce monde est entre parenthèses. Je sais que mon interlocuteur, dans le réseau vigilant des bénévoles du sauvetage, a la réputation d'un homme intrépide exerçant son art sur une zone folle et assassine. Il me raconte, très technicien, quelques opérations remarquables, toujours au ras des cailloux, la nuit, là où nul être raisonnable, sauf les membres de son équipage, ne hasarderait un aileron de quille. Et je lui sors ma batterie de questions. Pourquoi ? Pourquoi ? Pourquoi ? Il commence par me donner les réponses que chacun m'a données dans les coursives de l'Abeille.

– Pour le plaisir, parce que c'est excitant d'aller au bout de ce qu'on sait faire.

Sans doute. Je l'ai déjà entendu.

– Parce que je suis un homme contestable, plein de vices et de défauts, et que je suis heureux d'avoir, quelquefois, réalisé quelque chose d'assez incontestable.

Oui. J'ai entendu cela aussi. Tous les mortels sont plus ou moins des naufragés, et les sauveteurs, par le geste qu'ils accomplissent, sauvent une part d'eux-mêmes, renaissent en rendant la vie.

J'insiste. L'autre, alors, plante ses yeux dans les miens, plisse le front où les rides sont très creuses, et me dit :

– Je pose un postulat. Je postule que, ce que je fais, n'importe qui le ferait pour moi.

– Es-tu sûr qu'il le ferait ?

– Je viens de te le dire. C'est ma décision, mon hypothèse. Je ne suis pas dupe de la méchanceté ni de la lâcheté de mes semblables. Je pose un postulat.

Je n'ai plus de questions. J'ai achevé mon voyage, et compris pourquoi j'en reviens consolé.

ÉPILOGUE
Feu d'artifice

Je n'oublierai pas de sitôt la tête que fait Charly, ce matin-là, juste au lever du jour, dans la lumière bleue. Il est à la passerelle, il regarde le navire vers lequel nous nous portons, et secoue sa chevelure, répétant :

– Une poubelle sur l'eau. Une poubelle sur l'eau.

Ses yeux sont fixes, comme ils le sont quand Charly est sous l'emprise d'une indignation profonde. Le timbre de sa voix sourde oscille entre l'amertume et la compassion. On pourrait croire qu'il s'adresse à lui-même. Le cou tendu vers la vitre, il ne quitte pas du regard les marins ballottés, sous notre étrave : leur désarroi est son désarroi, et, les apercevant, il semble assister à sa propre déchéance.

Ce n'est pas un « grand » naufrage, non. Ce n'est même pas un naufrage, sinon allégorique. Nous avons été appelés à 5 heures parce qu'une étrange embarcation, une sorte de chaland transporteur de déblais, zigzague de façon erratique sur le rail et n'arrive pas à doubler Ouessant. Le vent n'est pourtant pas si méchant, 30 nœuds, des rafales à 40, la houle est régulière. Sur zone, nous comprenons mieux : cet engin est ce qu'on appelle aimablement une marie-salope, sa passerelle, à l'avant, paraît en bois, brouillée sous les embruns, et les hélices cavitent, brassant plus d'air que d'eau. Le commandant annonce qu'il se rend à Vigo, en Espagne, et qu'il est en règle.

Il ment, il essaie de mentir, il a consigne de mentir, il traîne derrière lui un épais dossier. Il est parti de Rotterdam avec l'autorisation de remonter sur la Baltique en longeant la côte au plus près. Mais son armateur russe n'a pas hésité à l'expédier vers l'Espagne, à travers le golfe de Gascogne, et à brandir des certificats truqués. Voyant le bateau rouler et plonger sous Ouessant, nous songeons que ce n'est pas une infraction mais un crime. Ces malheureux marins, qui courent entre les paquets de mer pour aller de la proue à la poupe, vendent leur peau parce qu'ils n'ont plus que cela qui vaille. Et Charly les plaint, et Charly enrage : est-ce que c'est ça, maintenant, un marin ? On sait comment l'histoire va se terminer. Nous allons escorter le navire en rade où il sera inspecté et mis sous séquestre. Il finira par repartir, tout doux, il se saura dans le collimateur. Et à la prochaine occasion, le propriétaire organisera, de nouveau, une partie de roulette russe.

Tous les cargos ne sont pas aussi exposés, tous les armements ne sont pas cyniques. Mais la minorité fraudeuse fait l'ordinaire de l'Abeille. Et nous sortons, et nous rentrons, avec, parfois, l'impression que le tonneau des Danaïdes a sa bouche près de l'île Keller. A quoi s'ajoutent les fautes de navigation – en panne de radar, un bateau, marchant à la montre, se balade sur la chaussée de Molène avec l'innocence du miraculé – et les inepties caractérielles : une nuit de vent frais, un capitaine téméraire, du genre qui consulte la carte après la manœuvre, s'obstine à vouloir se réfugier en baie de Lampaul où les fonds sont très hauts, à jeter sa pioche du mauvais côté. Et ainsi de suite.

L'été vient, c'est le retour au désert, le quai, le reflet du navire dans les vitres miroirs du Neptune. Les secrétaires, les courtiers, Phi-Phi aux Quatre Vents, Martine à L'Abri des flots, les respects dus à l'amiral Stéphan, la bière rousse du Tara. L'Abeille est à l'honneur. Pour ses vingt ans, la ville de Brest lui consacrera un « jeudi du port », une de ces nuits gaies où le bon peuple descend chanter et danser, où la cité se souvient qu'en se penchant un peu elle découvrirait des tankers, des vraquiers, des porte-conteneurs, et où les professionnels du « porco », chatouilleux et méfiants, grognent qu'on transforme en décor leur lieu de travail, qu'ils ne sont pas saltimbanques mais dockers.

Sur l'Abeille, on apprécie l'hommage. On est content, aussi, que le nouveau préfet maritime, sitôt désigné, ait exprimé le souhait de déjeuner à bord. Quand l'Abeille Flandre sera remplacée par un vaisseau neuf, la compagnie songera-t-elle à baptiser ce dernier l'Abeille Brest, son appellation « évidente » ? Un détail touche Carlos. Pour la fête du remorqueur, les maîtres d'œuvre ont imaginé d'installer sur le gaillard d'avant une *kevrenn* (un groupe de sonneurs), celle du quartier Saint-Marc. Le choix n'est pas anodin. Cette *kevrenn* a été fondée, en 1947, pour que ses prestations aident à soutenir les familles des victimes d'une catastrophe, l'explosion de l'Ocean Liberty, victimes parmi lesquelles comptent, en première place, deux marins des Abeilles portuaires. Le bateau, en rade, était chargé de nitrate d'ammonium quand un début d'incendie s'est déclaré. Brest, alors, était entre ruines et survie. Quand Yves Bignon a donné l'alerte, on avait la tête ailleurs, on l'avait partout. Mais Bignon et ses collègues voyaient le danger grandir : le nitrate d'ammonium, c'est plus que de la poudre, plus qu'une sainte-barbe, quand ça saute, tout part avec. Ils ont pris sur eux de tirer le cargo à l'écart, Bignon et son second sont demeurés tous deux sur le remorqueur portuaire, entraînant la bombe le plus loin possible. L'Ocean Liberty a explosé, causant quelques morts, détruisant quelques immeubles, brisant toutes les vitres de la région – un mal affreux, mais le moindre mal. Les deux volontaires y sont restés, délibérément.

Aujourd'hui, à Brest où il ne pleut pas sans cesse, les feux sont d'artifice.

Un dernier coup de vent, un courant d'air, nous amène à sortir brièvement, en alerte météo, quinze jours avant le grand jour. Lorsque nous rentrons, le premier « jeudi du port » de la saison finit de se préparer sous un ciel que les stéréotypes qualifieraient de breton. Maldonne : à notre place, l'artificier a disposé ses fusées, ses fontaines lumineuses. Pas question de tirer les belles rouges et les belles bleues contre la passerelle du bateau. Pas question, non plus, de le loger ailleurs. On palabre. Les responsables de la fête suggèrent un appareillage, juste une vingtaine de minutes, le temps d'illuminer la nuit. D'accord, dit Carlos, si les gars sont d'accord : allez le leur demander, c'est un travail supplémentaire. Les gars rouspètent un peu, et puis consentent, on ne va pas priver les Brestois d'étincelles réjouies. Minuit est proche quand les amarres sont larguées. Le remorqueur tourne en rond au milieu du bassin.

L'équipage est au balcon. Voici la belle rouge. Et la belle bleue.

– Alerte, dit Carlos, le téléphone à la main. On part sur Sein.

Tout le monde rigole. Sacré Carlos…

– Non, c'est pas une blague. Un méthanier en panne.

– Sérieux ?

Sérieux. Quatre moteurs. On y va, cap sur les passes, pendant que les grappes dorées crépitent au-dessus de nous.

– Appareillé ! annonce Carlos au COM.

Record battu. Là-bas, dans leur souterrain, les veilleurs doivent être un brin surpris. Quarante minutes, en principe. Et, cette fois, quarante secondes.

Il ressort vite que l'escorte est de précaution. Le méthanier a quelques hoquets, mais il avance. Le ciel, aujourd'hui, est vraiment breton : il a déjà changé, la lune brasille, la mer frissonne juste assez pour se couvrir de moire. Le bateau trace, sans un bruit, et fend sans la déchirer la soie qui se recoud sur son passage. Un très léger roulis nous rappelle que nous sommes en suspens, que nous flottons sur le seul élément qui fait le tour du monde. Tu sais, dit Carlos, on pourrait s'accrocher à l'arrière un bon machin bien lourd, une plate-forme, n'importe quoi, un truc qui se trimbale sur 20 000 milles, et l'on partirait, tranquilles, à 3 ou 4 nœuds, avec la mer devant nous, pendant deux mois, trois mois.

– Enfin, il ne faut pas être égoïste…

Je vais bientôt débarquer, ranger ma cabine, vider les tiroirs, rendre la clé, descendre la coupée en agitant le bras. Je me souviens d'un autre débarquement, à la fin de l'hiver. Il faisait un froid de loup, Jean-Marc et moi devions descendre à terre, lui pour Camaret, moi pour Paris, et Carlos a fait un « toucher », un frôlement de quai, sans s'amarrer, juste le temps que nous quittions le bateau. Sac à la main, nous sautons sur la jetée. Et puis salut, adieu. L'Abeille repart. Je vais boire un café. Jean-Marc m'a devancé. Côte à côte, accoudés au zinc, nous distinguons par la vitrine les feux de passerelle qui s'éloignent. Et nous n'y résistons pas, nous courons vers l'enclos des phares et balises, à la sortie du bassin, où le remorqueur va longer le môle. L'Abeille s'approche. Nous restons tous deux en contemplation devant le navire qui regagne Ouessant. Ça ne te suffisait pas, Jean-Marc, tu ne l'avais pas assez vu, ton remorqueur, tu ne l'as pas assez repeint, tu ne t'es pas assez trempé sur le pont ?

Que voulez-vous, une fois embarqué, on ne débarque jamais totalement.

Merci à...

Je n'aurais pu vivre cette année en mer sans l'encouragement précieux de tuteurs et d'amis. L'amiral Le Dantec, préfet maritime, a, dès le départ, approuvé ma démarche, et tout fait pour la faciliter. Puisse-t-il, ainsi que son successeur, l'amiral Naquet-Radiguet, trouver ici l'expression de ma gratitude. Jamais je n'ai senti dans mon dos, pesant sur ma plume, la moindre contrainte, la moindre demande. Ce sentiment de liberté doit également beaucoup à la présence efficace et amicale de Serge Thébaut, officier chargé des relations publiques.

Les dirigeants de la compagnie des *Abeilles International*, mes hôtes, ont agi de même. MM. Munier et Labescat m'ont donné carte blanche. Christian Quillivic, directeur d'exploitation, m'a réservé, notamment sur le Rosa M, lors d'une opération périlleuse dont il avait la responsabilité, un accueil courtois.

A mes compagnons de l'Abeille, je réclamerai l'indulgence. Je n'ai pas voulu, dans ce livre, recourir aux facilités du roman. Pour autant, je me suis permis de jouer avec la chronologie et d'organiser mon récit autour d'un nombre limité de personnages. Que tous ceux qui n'apparaissent pas dans ces pages mais m'ont accordé leur témoignage et leur enseignement sachent qu'ils m'ont été plus qu'utiles : ils ont marqué ma vie. Que les seconds me pardonnent, s'ils le peuvent, les inexactitudes ou les approximations dont je me suis fatalement rendu coupable. Les uns et les autres ont bien voulu m'adopter comme le « treizième homme » de leur bord. Ce fut un honneur.

Merci encore aux Brestois qui m'ont entouré, officiellement et officieusement ; à l'amiral Stéphan, délégué départemental de la SNSM, à M. Lacaze, ancien président de la station de Molène, à Jean Troadec, patron du canot de l'Aber Wrac'h, et aux bénévoles de Portsall. Je suis l'obligé de Charles Thierry et des capitaines de la Penn ar Bed, ainsi que des aiguilleurs du CROSS-Corsen. A Ouessant, je saluerai notamment Thérèse et Michel Berthelé ainsi que Gaétan Glémot ; à Molène, Cécile Masson et Johnny Erwan ; à Sein, Ann et Brigitte – dont le ragoût de homard est une sorte de déferlante.

J'adresse un signe à Simon et Lucie dont le père m'a fréquemment parlé lors des nuits de quart.

A Nadine Claden, je demanderai pardon de lui avoir, un peu plus, soustrait l'homme de sa vie.

Table

DU MÊME AUTEUR

Œuvres audiovisuelles

Tant qu'il y aura des profs
(avec Jacques Brissot et Patrick Rotman)
Trois émissions de 52 minutes
diffusées par Antenne 2

Génération
(avec Daniel Edinger et Patrick Rotman)
Quinze émissions de 30 minutes
diffusées par TF1

Madame le proviseur
fiction
(avec Chantal de Rudder)
Sept films de 90 minutes
diffusées par Fr2

Montand
(avec Jean Labib et Patrick Rotman)
140 minutes

Nos médecins à cœur ouvert
(avec Irène Richard)
52 minutes, « Envoyé spécial », Fr2

Le Prix de l'espoir
fiction
(avec Chantal de Rudder)
90 minutes, Fr2

Sécurité sociale : trente ans d'indécision
(avec Irène Richard)
52 minutes, « Les dossiers de l'histoire », Fr3

Chasseurs de tempêtes
(A bord de l'Abeille Flandre)
Tournage et réalisation
45 minutes, « Envoyé spécial », Fr2
Ancre de bronze, Festival international du film maritime
et d'exploration

RÉALISATION : PAO ÉDITIONS DU SEUIL
ACHEVÉ D'IMPRIMER SUR ROTO-PAGE
PAR L'IMPRIMERIE FLOCH À MAYENNE (03-99)
DÉPÔT LÉGAL : MARS 1999. N° 33331-3 (45899).